出彩萬寧人

本武

杨应龙 彭玉斌 主编

文化藝術出版社
Culture and Art Publishing House

图书在版编目(CIP)数据

出彩万宁人 / 杨应龙，彭玉斌编. — 北京 ：
文化艺术出版社，2016.8
ISBN 978-7-5039-6176-2
Ⅰ. ①出… Ⅱ. ①中… Ⅲ. ①人物－先进事迹－万宁
－现代 Ⅳ. ①K820.866.4

中国版本图书馆CIP数据核字(2016)第192516号

出彩万宁人

主　　编　杨应龙　彭玉斌
封面题字　吴东民
责任编辑　董瑞丽　巩建华
装帧设计　姚雪媛
出版发行　文化艺术出版社
地　　址　北京市东城区东四八条52号　100700
网　　址　www.whyscbs.com
电子信箱　whysbooks@263.net
电　　话　(010) 84057666 (总编室)　84057667 (办公室)
　　　　　84057691—84057699 (发行部)
传　　真　(010) 84057660 (总编室)　84057670 (办公室)
　　　　　84057690 (发行部)
经　　销　新华书店
印　　刷　荣宝燕泰印务有限公司
版　　次　2016年8月第1版
　　　　　2016年8月第1次印刷
开　　本　710毫米×1000毫米　1/16
印　　张　19
字　　数　100千字
书　　号　ISBN 978-7-5039-6176-2
定　　价　68.00元

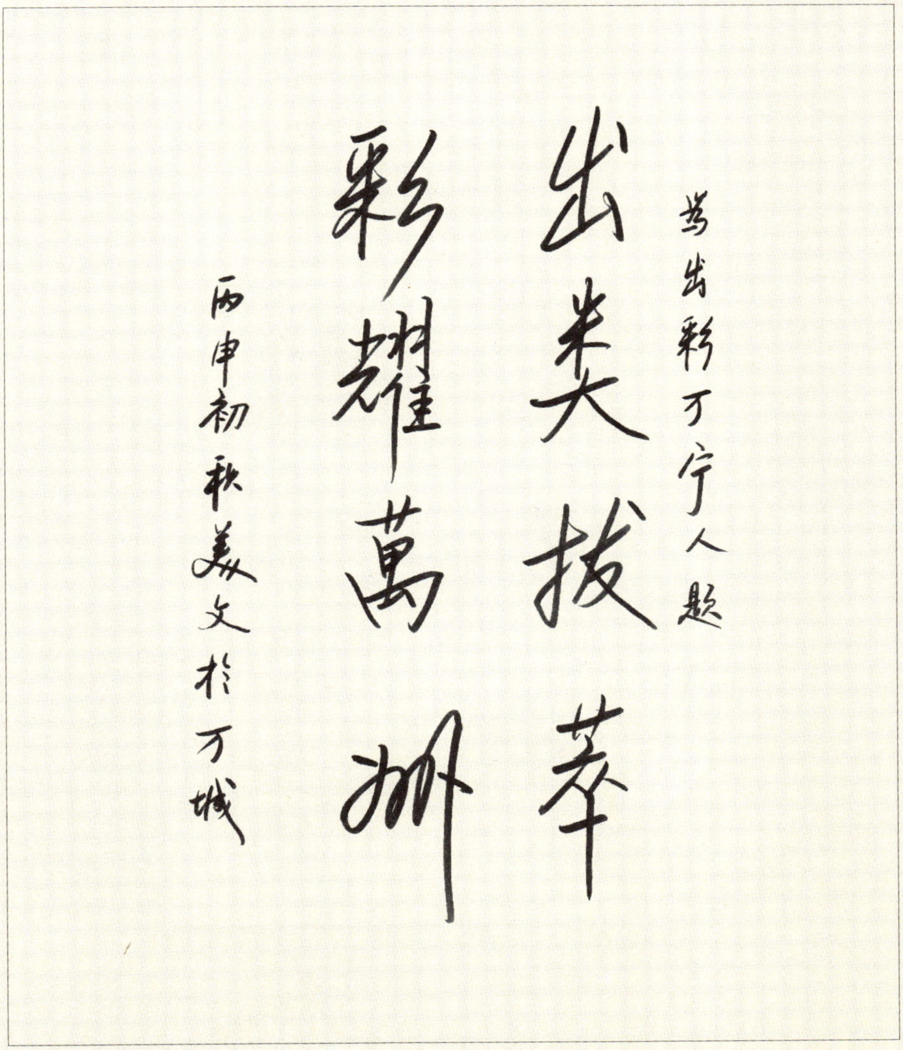

为出彩万宁人题

出类拔萃
彩耀萬州

丙申初秋美文於万城

万宁市委书记张美文题词

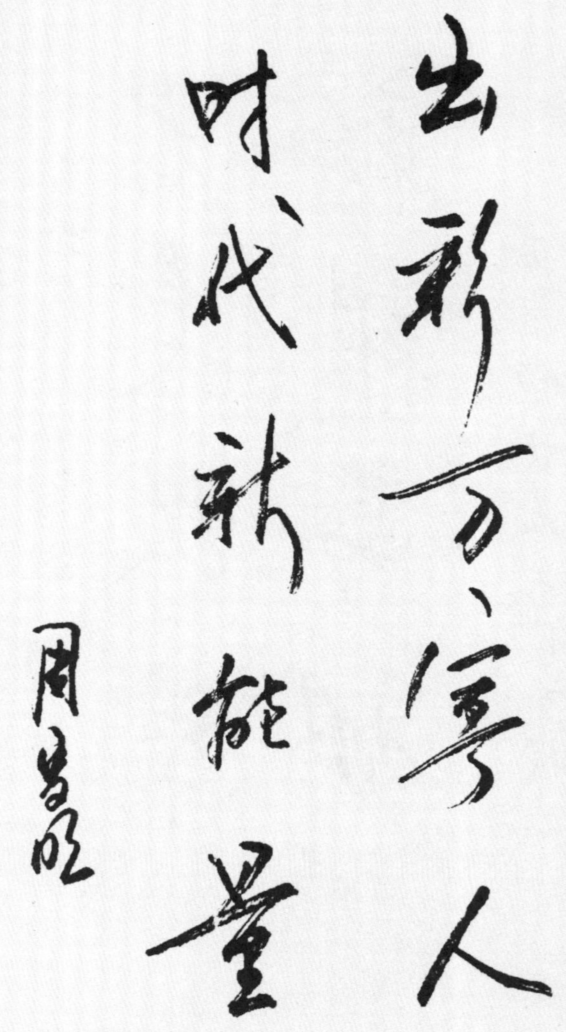

万宁市委副书记、市长周高明寄语

出彩万宁人，在平凡岗位上执着追求，用实干奋斗成就出彩人生，用品行业绩引领时代风尚，让他们的精神鼓舞激励着万宁人奋力前行。

吴明阳

2016.8.18

万宁市人大常委会主任吴明阳寄语

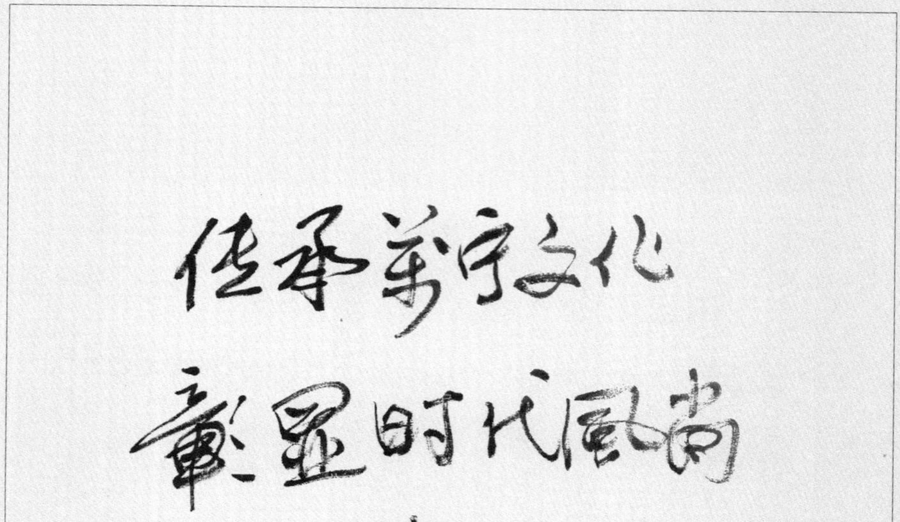

传承万宁文化
彰显时代风尚

韦章运
二〇一六年七月十六日

万宁市政协主席韦章运寄语

序言

张美文

一个社会的进步，一个地方的发展，离不开优秀人物的引领。在一个人的成长、成才过程中，同样需要学习的榜样。因此，看到这本汇集了众多筑梦、追梦、圆梦故事的新闻作品集即将付梓出版，我非常高兴，也很乐意把它推荐给大家，希望每位读者都能从中找到分享的快乐和借鉴、学习的榜样，也希望各行各业中涌现出更多的优秀人才，为建设家乡、服务社会做出更大的贡献。

万宁，古称“万安”或“万州”，具有悠久的历史。在汉代，万宁属珠崖郡紫贝县，至唐代始设万安县，后又增设万安州。南宋始设万宁县，后又改称“万州”，民国三年（1914）改为万宁县。1996年8月，万宁撤县设市，再次踏上了建设发展的快车道。万宁首府万城镇至今已有1300多年的历史，是海南重要的古城之一。在悠久的历史长河中，万宁孕育、滋养了一批又一批声名远播的杰出人物。唐朝宰相李纲流贬崖州的东山岭后，官复原职，留下一段“东山再起”的传奇。明代杰出政治家、儒学家廖纪，官至少保兼太子太傅、吏部尚书，一生忠勤为国、廉洁奉公、任人唯贤，曾保荐“全能大儒”王阳明及明朝“三大才子”之首杨慎等国家栋梁之才，被时人赞曰：“借问萧何谁可代？”近代以来，万宁人民在民主革命和民族解放事业中做出了彪炳千秋、不可磨灭的历史贡献，如庄田将军曾两次参加中央革命根据地反“围剿”斗争和二万五千里长征，功勋卓著，令人敬仰。还有莫同荣、谢翰华、官天民等大批革命志士英勇献身，可歌可泣。在当代，万宁人继往开来，团结奋进，善做善成，在国家改革开放的伟大征程中创先争优，大显身手，谱写了无数光辉灿烂的新篇章。

一方水土养一方人。在漫长的历史进程中，万宁藉山川之灵气，蕴蓄了特色鲜明的长寿文化、书法文化、归侨文化、红色文化、生态文化和海洋文化等，涵养了万宁人崇文重教、豪爽仗义、拼搏进取、坚韧刚毅、开放包容、孝老爱亲、敬业奉献、乐善好施等优秀品质。这样的山川秀美之州，文化富饶之地，自然成就了今天美好和谐、气象万千、生机勃勃的新万宁。

尤其值得高兴的是，从本书收录的这些精彩故事中，我看到了这些优良传统的生动延续，并且随着时代的发展，被赋予了新的思想内涵。收入书中的“出彩人物”有从万宁走向全国，甚至全球的著名艺术家；有不远万里来到这片热土追逐梦想、奉献青春的创业者；有不忘初心，扎根乡土，一心为民的基层干部；有四海为家、艰苦创业，缔造了商业神话的企业家；有活出“最美不过夕阳红”的老来俏；有艺坛“小荷才露尖尖角”的“小梅花”，等等。而通过这些鲜活生动的故事，我也看到了千千万万“出彩万宁人”的缩影，他们在各自的领域、各自的

行业、各自的岗位上尽情挥洒，竞相“出彩”，展现了当代万宁人自强不息、勤奋踏实、勇攀高峰的良好精神风貌。

时代的进步需要精神的引领，社会的发展离不开榜样的激励。我相信本书的问世将有助于激发每个万宁人固有的潜能，为合力推进“六个万宁”建设，实现“滨海花园城市、清新度假胜地”宏伟目标凝聚起更强大的精神力量。我也衷心期待更多的读者能够从这本书中看到自己的背影，获得情感的共鸣，感知时代的脉搏，并从这些真实的励志故事中汲取源源不断的精神力量，在共筑中国梦的伟大征程中谱写出更加辉煌壮丽的新篇章。

（作者系中共万宁市委书记）

目录

01 不忘初心　乡土情深

02 开拓创新　缔造神话

03 爱洒沃土　梦想花开

04 执着精进　文苑芬芳

05 千锤百炼　谱写华章

01 不忘初心　乡土情深

曾宪蕃：在百姓心窝扎根的村支书

万宁山根镇大石岭村曾是有名的贫困村，为了让村民过上好日子，村支书曾宪蕃殚精竭虑地寻找致富之路，甚至不惜自掏腰包，自损家业。在他的带领下，大石岭村从一个贫困村发展为美丽乡村。而他也以无私奉献的精神在百姓的心窝里扎根，成为当地人人都知道的好干部。

在万宁市山根镇，几乎人人都知道大石岭村有一位好干部。18年来，他带领村民们把大石岭村从一个有名的贫困村建设成了市级美丽乡村。他将所有的心血都倾注到了村民身上，为了帮助村民致富，他放弃了自己的事业，最终用行动在百姓的心窝里扎根，他就是大石岭村村委会主任、党支部书记曾宪蕃。

舍己为人，带领村民致富

大石岭村位于万宁市山根镇的东北部，东邻南海，却没有港口，土地资源不丰富，村民大多以种植水稻和番薯为生，曾经是山根镇9个行政村中最贫困的一个。

“那时村里男丁要娶媳妇，大家只要一听是大石岭村的就纷纷摇头！”曾宪蕃说。

为了生计，曾宪蕃在20世纪90年代跟着琼海市潭门镇的船老板出海到南沙捕鱼，不怕吃苦的他很快就有了一笔不小的积蓄。当时南沙刚开放，资源丰富，出一次海能赚一万元，很快他就有了几十万的存款，算是村里最早的“土豪”。

曾宪蕃带领村民们把大石岭村从一个有名的贫困村建设成为市级美丽乡村

曾宪蕃的生活是改善了，可他看到同村的村民们还过着白饭就番薯的日子，于是决定带着大家一起干。在他的带领下，村里的男丁们跟着他一起到琼海出海捕鱼。渐渐地，村民们的生活有了初步改善。

1997年，曾宪蕃当选为大石岭村村委会委员。同年，他带领着村里20多个男丁一起出海去南沙捕鱼，途中遭遇强台风，7条渔船上的160多人险些被困，加之此后与菲律宾渔民的冲突，曾宪蕃意识到出海捕鱼的危险系数很高，不能再带着村民们一起去冒险了，必须开辟新的“生财之道”。

当时南方沿海各省掀起了新一轮的养虾热潮，由于大石岭村靠近南海，很适合发展高位池养虾，敏锐地发现这一“财路”的曾宪蕃出钱出力，

曾宪蕃主动维护大石岭村的环境卫生，为村民做出了表率

带着村民们挖虾塘，再将一部分虾塘承包给技术能人，村民们在收取承包费的同时，也跟着学习养虾技术。这样，一部分村民出海捕鱼，一部分村民养虾，大石岭村逐渐摆脱了“贫困村”的帽子。

2004年，曾宪蕃全票当选为村委会主任，后又当选为党支部书记。在发展养殖业的同时，他还带领村民们种植反季节瓜菜。“村里有贫困户买不起种苗的，曾书记还会自掏腰包给他们送种苗！”大石岭村的政府雇员冯启浪说。

如今，全村共有土地面积2926亩，其中包括耕地面积400亩，虾塘260亩，现试点种植富硒紫薯50亩，村民们的人均可支配收入近7000元。村民们越来越富，可当年村里的“首富”曾宪蕃却越来越穷。“他每天就在村里跑，什么都要做！哪有时间搞副业！”村民曹玉珠感慨地说。

真抓实干，贫困村变美丽乡村

如今不少村民住上了小洋房，还有部分村民在山根镇盖了楼房。村里种有600多米的绿化景观树木，还有白色栅栏围起来的花花草草，干净的水泥路边摆放着配套的石桌、石椅，每到傍晚，村民们便围坐在村边的石桌旁纳凉休闲。4000多平方米的村级活动场所内还配有戏台、球场和健身点。

“从前村里可不是这样。”82岁的村民符新雅说，“以前村里穷，大家住的都是瓦房，路上到处都是垃圾，跟现在简直没法比！”曾宪蕃当选为村委会主任后，开始注重改善村容和村貌。“大石岭村就是我们的‘大家’，怎么能让家里又脏又乱呢？”曾宪蕃说。修村道、修水塔、清垃圾、拉水

曾宪蕃正在把一棵影响村容的死树移走

管，他都冲在最前头。村里有些年轻人比较懒，不讲卫生，他就拿着扫帚去他们家敲门，叫这些年轻人出来扫地。

一开始还有些村民不理解，但随着村容村貌的改善，曾宪蕃的行动换来了更多人的认可。在曾宪蕃的带领下，大石岭村的村民几乎人人都变成了“卫生标兵”。

2014年，大石岭村进行危房改造，获得指标的25户可以领到政府发放的5万元补贴。仍然住在瓦房里的曾宪蕃放弃了这个建新房的机会，只说了句“先让村民们住”。

2009年，大石岭村被评为万宁市级文明生态村；2011年获得山根镇

“两委班子绩效考核第一名”，同年还被万宁市妇联评选为“维护妇女权益先进集体”；2012年和2014年被万宁市评选为“先进基层党组织”；2012年还被海南司法厅和民政厅联合授予“海南省民主法治示范村”。村里人都说大石岭有现在的变化，曾宪蕃厥功至伟，连邻村人都知道大石岭有个好干部。

事必躬亲，扎根百姓心窝

18年的村干部，11年的村支书，曾宪蕃仍然记得最初当干部时埋在心底的话：“我要为村里做点事！做点实事！”如今已经60岁的他，每天必做的事就是骑着一辆摩托车在村里到处转转、看看，长年的风吹日晒使得他的皮肤黝黑，指甲缝里沉积着洗不掉的黑垢。正应了山根镇干部的话：“他是像老黄牛一样的党员干部！”

2014年，强台风“海鸥”降临时，为了保证村民安全，村委会干部一家家上门，带领村民们去安置点避难。87岁的翁秀兰老人死活不肯离开自己的房子，不论村干部和她的儿孙们如何劝，她只说：“除非曾书记过来，不然，你们谁的话，我都不相信！”曾宪蕃听说后马上赶到翁秀兰老人家中，亲自把老人背到了安置点。关于为什么这样信任曾宪藩，老人说：“他平日里就很关心我，一直对我很好，在我心里，他就像我的儿子一样。”

2015年6月，海南大部分地区发生干旱，为了村里的饮水、灌溉，曾宪蕃带着村委两个干部为几公里长的水沟清淤。饿了，就打点快餐吃；困了，就躺在草地上眯一会儿。整整4天，曾宪蕃都没有回家休息。

“我这个当书记的都不带头，事情还怎么做下去？”曾宪蕃说。曾宪蕃的行为换来了全村人的感动，大石岭村从老到少不仅打从心底里敬佩他，还把他当做自己的亲人。

今年90岁的彭修琼，1949年入党，是村里最老的党员，也是曾经的老书记，说起曾宪蕃，他赞不绝口，明确表示：“曾宪蕃是我们的好党员、好干部！下一届，我还要选他当书记！”

陈海雄：『两元行动』让村里出了70多名大学生

万宁市万城镇联星村溪边小学培养了数代村民，却一度面临萎缩的困境。村支书陈海雄认定一个死理：只要我当支书一天，学校就不能撤。他积极改善学校的硬件条件，带领村民设立教育基金，开创奖励机制，使学生回流，学校重焕生机，培养出了70多名大学生。

万宁市万城镇联星村村委会，村里有条小溪，溪边有9个自然村，簇拥着一所村小学。村民们说："村子和学校，是众星拱月。"这所曾培养村民祖辈数代人的学校，一度面临萎缩的困境，因为一个人的努力而得以延续，并让村子里诞生了70多名大学生，他就是村支书陈海雄。陈海雄说："先树人，才能树村；教育为魂，才能兴村。"

溪边小学，顾名思义，就在溪边，从早年的私塾演变成为一所小学。小溪哺育着祖辈联星村人，学校滋养着村民们"做读书人"的梦想。全村人对文化的认知都源于此，包括陈海雄。

这个联星村人的精神家园曾遇到过非常艰难的局面。联星村老党支书、村委会主任文新说，他在任时，学校曾有近120人，但后来一年比一年减少，到他离任时，仅有78人。新的村支书陈海雄上任时，文新语重心长地跟陈海雄说："一定要把溪边小学办好。"

对教育，陈海雄怀有特殊的情结。为了供弟弟妹妹们上学，他高中毕业就出去闯荡，挣钱养家，打过砖窑、跑过运输、种过槟榔。没有上过大学，成为他的终生遗憾。他的儿女也没能上本科，没圆的大学梦，他寄托在村里小孩的身上。

陈海雄发现，走过数十年的岁月，学校的设施已经十分简陋，老师们

陈海雄接受记者采访

还在瓦房里批改作业。而随着教育资源的整合，如果人数不足，溪边小学这个教学点很有可能被撤。但他认定一个死理：只要我当支书一天，学校就不能撤。

怕生源外流，陈海雄跟着校长一起做家访，动员家长把孩子接回来读书，可却碰了一鼻子灰，把孩子送到别的学校上学的村民们反映，学校办不好，谁家的孩子都不会回来。陈海雄明白，要把学校办好，根子还在于师资和教学质量。他带头捐款，设立教育基金，建立明确的奖励机制——既奖励孩子，也奖励老师。教育基金是通过“两元行动”建起来的，收集村民每人每年自愿交的两元钱，积少成多。在陈海雄看来，两元很少，但

溪边小学的学生们正在练书法

点燃的是每个村民对文化的敬仰。在奖励上，陈海雄也想了不少办法，例如，谁家的孩子考上北师大万宁附中，都会得到1000元左右，村里还请来琼剧团搭台唱戏，让获奖者的家长上台领奖，全家都感到光荣。

这些办法很快生效，第一年溪边小学有3个学生考上市重点中学，第二年考上了5个。把孩子送到外校读书的家长得知这一消息后，纷纷把孩子送回这个小学读书。5年来，村里考上重点中学的有45名，考取大专以上的有73名，还出了研究生。在联星村，以前最重要的节日是“军坡节”，现在是开学前的奖学金颁发大会，村里老小以登上领奖台为荣。

在这背后还有许多看不见的付出。溪边小学的老师跟陈海雄反映，学

2016年1月，陈海雄荣获“海南最美村官”称号

校没有网络，想下载教学资源用到课堂上就做不到。他听了，立即去找电信公司的经理协调解决。而对溪边小学的140名学生来说，陈海雄也是一位“村长老师”，早操时间，他常来，既和孩子们聊天，也为学校解决问题。

水缸变为装饰“花瓶”

磨盘成为村中一景

学生们在“羊栏咖啡”前合影

正如陈海雄的所希望的，把学校办好了，村子也就发展好了。如今，尊师重教、学习文化的气氛在联星村越来越浓，农家书屋是村里晚上最热闹的地方。文化的气息培育了村民们的文明观念，蔓延在村里的每个角落。多年的垃圾山，村民们自发清理了；门口的水缸、磨盘，有心的村民弄成了装饰“花瓶”；曾经的羊圈，变成了村民议事的“羊栏咖啡”；蜿蜒的小溪旁，“溪边客厅”是大家议事、休闲的好去处。村民们的关系更融洽了，邻里纠纷也很少了。如今，这里不仅成立了合作社，发展三角梅等花卉产业，村里还正在谋划，等光纤拉进了村，就策划联星标签文案网络营销，让更多的游客走进来。

陈海雄说：“村里面的坏人都没有了，粗鲁的人说话也讲文明了，什

溪边三角梅花卉种植成为特色产业

么都变了。”他感慨道：“溪边小学凝聚了几代人的心血，把精力投入到这上面，是值得的，值得！”

如今，陈海雄把希望都寄托在村里的孩子们身上。他的想法越来越坚定，如果村里一年能出10个大学生，10年就是100个，孩子们的眼界更宽阔，哪怕只有十分之一能回到家乡，那都会给村里带来全新的气息。

黄业平：黎村里的全国劳模

作为一名村支书，黄业平用日复一日的无私付出，推动长丰镇边肚村旧貌换新颜。边肚村下属的文通村，仅用3年，就从一个十分贫穷落后的黎村变成了知名的美丽旅游乡村。2015年，这位扎根黎族乡的“土”干部获得了从未想到过的荣誉——全国劳动模范。

如今，在万宁，属于边肚村村委会的文通村可谓无人不知、无人不晓，甚至在海南，文通村也很有名气。从一个十分贫穷落后的黎村到知名的美丽旅游乡村，文通村仅用了数年时间。与此同时，整个边肚村的面貌也焕然一新。它的崛起与一个人的贡献分不开，他就是边肚村村支书黄业平。

2015年，这位扎根黎族乡的“土”干部黄业平获得了从未想到过的荣誉——全国劳动模范。在荣耀的背后，是他为使乡亲们走上幸福之路，多年如一日的殚精竭虑。

“要让村民过上好生活”

“当村官就要让村民住上好房子，过上好生活。”时至今日，黄业平还记得2009年5月时任海南省委副书记、省长的罗保铭视察文通村时对他说过的这句话，它成了黄业平工作的动力源泉。

1981年，黄业平退伍回家。2001年，他当选为边肚村村支书。工作几年后，他发现整个边肚边贫穷落后的局面依然还在，作为“带头人”，他深深感受到了肩上的重担。

当村支书两年时，黄业平曾解决过一个大问题。当时边肚村村民用电

文通村一景

每度是1.60元，负担很重，意见很大，黄业平便到供电部门找有关领导要求改造供电线路，降低供电成本。可是第一次上门找不到主要领导，第二次上门又找不到领导，第三次再上门，最后得到了上级领导的支持。市供电公司拨出专款，将边肚村村委会14个自然村20多公里的供电线路全部改造，将电价降至每度0.60元。

想起这一成功经历，此时黄业平只念一句话：要耐心，坚持不懈。他首先解决教育问题。村里的明星小学教学质量差，170多名学生，跑了130人，面临停学。他帮助教师解决切身利益问题，又上门做学生家长的思想工作，解除顾虑，使孩子们全部返回学校。

文通村村委会办公楼

看到文通村基础条件差，黄业平与有关部门联系，争取社会各方面的支持，将一件事一件事办好。经过他的努力，村里有了硬化村道和自来水设施，建起了办公室、文化室、球场、戏场，种树栽花植草，美化环境。

这些让黄业平感受到担起责任的光荣，劲头更足了。

边肚村有80多名年轻人闲在家中，黄业平入村串户了解情况，征求他们的意见，鼓励和推荐他们到兴隆旅游区打工，为边肚村的百姓带来了一笔可观的收入。

生产不发展一直是黄业平的心头病，他看到边肚村土地广阔、肥沃，适宜发展热带经济作物，便发动群众大力种植橡胶、槟榔、荔枝、龙眼、

文通村美景

香蕉、菠萝蜜和反季节瓜菜；利用太阳河支流水源，挖池塘养鱼；利用山林养牛、羊和山寮鸡；利用湿地养鸭、鹅等家畜农禽，增加了村民的经济收入，改善了生活。

如今，全边肚村已有种植专业户36个，养殖专业户38个，拥有橡胶林290亩，槟榔林680亩，菠萝蜜林360亩，荔枝林150亩，淡水养殖190亩，反季节瓜菜基地380亩，95%的农户摆脱了贫困。

助文通村美丽变身

在边肚村下属的自然村中，文通村最让黄业平操心，这个黎族小村庄房屋破旧、耕地少、钱挣难，年轻人逐渐走光了，要使56户村民住上好房子、过上好生活，谈何容易？

在与边肚村村委会其他村子一同改善面貌的同时，文通村也在黄业平的谋划下有了新的路子。“建设美丽乡村是我的夙愿。”经过深谋远虑，2012年初春，黄业平向万宁市有关领导汇报了他要把文通村的民房改造成与美丽乡村建设融为一体的计划：文通村与兴隆旅游区接壤，区位优越，生态环境保护好，自然景观秀美，以黎族文化为旅游主题，应该建设成集民俗风情、生态农业观光、休闲健身、乡村体验，吃、住、游、购、娱为一体的“黎家乐”旅游景点。

这个计划得到了万宁市委、市政府的支持。当年10月，市政府拨出民房改造资金280万元，扶持村民将草屋、破旧瓦房全部拆除，重新规划，建设成特色民族风情村庄。在黄亚平的带领下，经过一年的努力，文通村建起了平顶房屋41间，楼房15栋，村民全部住上了新房子。随后，万宁

优美的生态环境

骑行者来到文通村

民宗部门又投入200万元，运用黎族传统吉祥图腾甘工鸟、大力神、稻穗、黎锦等元素，对全部房屋进行装饰，使文通村变成“彩瓦斜檐飞鸟房”的美丽景点。同时文通村还建起了黎族特色的村大门、村牌、路灯，装饰了图书室和戏台，处处彰显出黎家居住、饮食、农耕文化的内涵。

2013年春，海南梦想休闲农业有限公司总经理王明君来文通村，看到村子环境好、民风正，发展乡村旅游条件优越。2015年初，他投入巨资，向文通村村民承包部分土地，建设“黎家乐”乡村旅游项目。

这个项目一期工程投资8000万元，主要建设休闲景点、道路、林中别墅、水上餐厅、水车、演艺厅、观光带等景点。善于动脑子的黄业平还同步配套，组建了一支民族歌舞团，为游客表演竹杆舞、舂米舞、草笠舞等民族舞蹈；组织黎家姑娘编织黎锦，让游客参观、学习编织艺术。此外，他还带领村民在橡胶林中种植50亩的灵芝，既供游客观光，又增加了农民的经济收入。

就这样，仅仅用了3年时间，文通村旧貌换新颜，变成一个生机勃勃美丽的旅游乡村。

把梦浇在土地上

每当早晨第一缕阳光洒在田野上的时候，黄业平已经走在村路上，去检查农业生产情况。在文通村，他看见垃圾就捡，看见谁家乱放垃圾，就找谁家清理，村民称他为“捡垃圾书记”。他看到崭新的楼房，整洁的村道，花果飘香的树木，心里立马就敞亮了。他想，文通村天天在变化，梦想就是这样一天天在实现。

俯瞰美丽乡村——文通村

为了稳步推进乡村旅游事业，黄业平每天都“泡”在文通村里，为客商提供各种服务，客商遇到困难，他及时到达现场把事情处理好。就在“黎家乐”乡村游项目工程进入紧张的施工阶段时，他的爱人患了重病，头昏、呕吐，卧床不起。他将爱人送到海南省人民医院治疗，刚办完住院手续，投资商林锋副总经理打来电话叫他马上回去处理问题。他请一位亲

村民们表演的黎族特色舞蹈 —— 春米舞

戚照顾爱人，就赶回村里帮助客商解决土地争议问题。村中的大小事，他都亲力亲为，村民办医保、入户口都请他帮忙，他从来没有推诿过。

2005年9月25日，第18号强台风“达维”袭击万宁，黄业平和村干部一起，冒着狂风暴雨奔走在去各个村庄的路上，组织住在危房里的群众转移。新群村五保户林大婆困在破旧漏雨的屋子里，黄业平看见老人蜷缩着身子躺在墙边，二话没说，冲进屋里，将林大婆背到安全的地方安置好。那一夜，他浑身湿透，饥肠辘辘，疲惫不堪。台风过后，他突然发起高烧，头疼难忍，经医生检查，是疲劳过度造成的。他的爱人说了“实话”：“在抗风救灾的日子里，老黄三天三夜没有回过家。”

为了乡亲，黄业平认为值得牺牲自己。为了引进一个项目，他曾将家

村民们正在制作特色美食糯米粑

中的两头猪卖掉，得了950元，全部拿出来用于布置会场，接待上海长江商业学院的领导，使客人们非常感动，立即拨专款12万元，帮助文通村打了一口深井，解决了村民饮水难的问题。

文通村的垃圾车没钱加油、维修，他拿出两万多元作为加油、维修费，确保垃圾车正常工作。村民吉永明改造房屋没有钱装修，他和村干部等人资助9600元，为老吉做门窗、打涂料、铺地板。他看见边肚村特困学生上学难，就到海口、三亚等地找外出工作的人和老板，动员他们捐款帮助孩子们读书。在他的带动下，近几年，村子里收到资助资金5万多元，扶持了20多名困难学生读书。

2014年，文通村人均纯年收入8300元，比2008年翻了两番。2015

黄业平参加在人民大会堂召开的“2015年庆祝五一国际劳动节暨表彰全国劳动模范和先进工作者大会”时留影

年，由于槟榔、外出务工等收入，人均纯年收入达到11000元。现在，黄业平正在努力推进美丽乡村建设，逐步把边肚、明星、新群等自然村纳入其中。

回首来路，黄业平感慨万千。1992年，他当了村干部。1994年，他被招聘为国家干部，本应安排在镇政府工作，但他选择了继续留在村子里服务乡亲。看到如今的变化，他说："这 22年村官没有白当，农村是实现梦想的地方。"

吴江秀：耕耘文学土地 种出精神粮食

万宁自古不仅重武，而且崇文，历来文人辈出。吴江秀作为万宁文化人的杰出代表，数十年来，他笔墨春秋，阅尽沧桑，凭着脚和手中的笔丈量土地，用深情为家乡万宁书写了一篇篇多彩多情的篇章。正如作家朱逸辉评价他时所说的那样："脚写手书，字里行间都浸漫着'踏遍青山情未老'的身姿壮影。"2016年，吴江秀获得万宁市首届"东山文艺奖"终身奖。

落地窗户大敞开，阳台外面的防盗网上爬着几株青藤，早晨的阳光透过落地玻璃窗，暖暖地照在老婆婆的身上，一旁的老爷爷挪动了一下身体，两个老人惬意地躺在各自的躺椅上看着琼剧，电视墙前的桌子上堆满了报纸，火红的中国结挂在客厅正中央。

眼前的老爷爷便是“东山文艺奖”终身奖获得者——84岁的吴江秀老人，清瘦、和气、专注，言谈中流露出一股传统文人的气息。

他是一名基层新闻工作者，走遍、阅尽家乡的山水，借助宣传，为他的家乡建设添砖加瓦；他是一个文人，身上凝聚着传统文人的光辉，勤耕笔作，妙笔生花；他是一个史学家，用脚步去丈量，查看民风民俗，记录好一个时代的精神面貌；他是一本厚重的书，更是一个时代的缩影。作家朱逸辉评价他：“脚写手书，字里行间都浸漫着‘踏遍青山情未老’的身姿壮影。”

吴江秀老人话并不多，眼睑低垂，气定神闲，总是慢慢思考后再回答记者的问题，倒是一旁盘腿看琼戏的老婆婆偶尔会叹息几声，为电视里的人物感到愤愤不平。

吴江秀回忆起他的创作生涯。1954年开始在《昌感报》、《东方报》工作，做记者、编辑，昌江可以说是吴江秀的第二个故乡，安家在昌江30年，

吴江秀在整理采访笔记

他勤于新闻报道和广播宣传，在这片热土上，同妻子一起哺育了4个子女，收获了同事、朋友和邻居的友情，但也经历了工作上的艰辛、生活上的穷困、政治运动中的屈辱，长期的乡村采编经验、丰富的生活阅历为他成为一名作家奠定了基础。

1989年，吴江秀调回了万宁，任万宁文化局局长，他着手重振万宁琼剧院、增添图书馆藏书、服务乡镇文化站、引资合作兴建光明影剧院等工作。空闲时间，在局里同志的帮助和支持下，吴江秀开始走向农村、农民，在故乡的山山水水中体验生活。

“童年的我，跟随双亲逃走，日本鬼子到了那里。正疲于奔命，前有

吴江秀在神州半岛采风时留影

吴江秀著《碧海蓝天》、《江秀散文》、《江山秀色》封面

老爷海阻隔，后有追兵，危急中幸有岛上一位乡亲驾船把我们渡过了小海。弃船登岸，鬼子尾随追到，无船可渡，乱枪扫射，一水之隔，拯救了我一家性命。从此在我的心灵中对神州半岛有了深深情节。”老人在散文《我走神州半岛》中记叙了他与这座旅游处女地结缘的经过。

落叶归根之时，为了撰写有关神州半岛的文章，吴江秀攀了岛上的5个岭，走了5个海湾，实地走访半岛，为环视半岛全景，登上牛标岭最高峰——皇帝殿，下海泛舟老爷海。正是带着这样的精神、体魄创作，吴江秀创作出了《美哉！ 神州半岛》，文章引起了海南金陵经济发展总公司的注意，该公司将老人的文章裁剪下来，盖上公章，送往美国太平洋国际投资有限公司，作为招商引资的文稿。事隔多年后，神州半岛已建成全球知名的旅游区，作为第一个书写神州半岛的人，吴江秀留下的痕迹是无法抹去的。

散文《故乡小城》记叙了万城的变化，写尽了万城的美妙多姿，是描写万宁的少有的好作品，文章引起了时任万宁县委书记林玉权的关注，在病床上也坚持阅读。

散文《碧海蓝天青皮林》被中央及省报刊发表，在北京参加“共和国社会主义文学艺术50周年研讨会”荣获一等奖后，吴江秀在朱逸辉的鼓励下，出版《碧海蓝天》，被海南作家协会吸收为会员，开始了职业作家的创作之路。而后更是凭借《仙湖看树》进入中国散文家协会，如今还在坚持伏案写作，为党的文学事业发挥余热。

古稀之年，不少大学院校向吴江秀发出了邀请，邀请他出任教职，吴江秀也希望有更多的人参与文学创作，愿意在老年大学上课，带领大家到乡村采风、写作。

吴江秀正在修改文章

吴江秀勤勉于创作，豪情不减，壮心不已，为社会主义文学事业培育出了朵朵灿烂的鲜花，宣传家乡的大好山河，展现家乡的精神面貌，助推国际旅游岛事业建设。

然而有一天下课后，吴江秀感觉右脚不适，行走困难，回家后到附近的中西医结合医院检查，医生说他血压高，让他注意休息。下午起床后，吴江秀没办法站起来，送到医院才知道是脑血管堵塞，有段时间躺在床上起不来，后来需要拄着拐杖走。

吴江秀告诉记者，“东山文艺奖”的设立，正是市委、市政府对万宁文学艺术的重视，能够激发文学工作者的积极性。他还鼓励更多的新闻工作者要亲自去采访、下苦功夫，多跑、多看、多想，积累足够的文字素材去撑起文章，向新华社和人民日报社的记者学习，学习他们艰苦奋斗的作风，接近群众的创作路线。

吴江秀说，现在生病了，只能拄着拐杖行走。他正在筹备《离乡二十载，圆了写作梦》一书的创作，他还计划等二儿子回来一块创作，扶着妻子一块行走，只要手还能动，腿还能走，他都会拿起手中的笔，写家乡的好人好事，把党的文学事业当做土地，耕耘这块土地，种出精神粮食，为党发挥余热。

翁贤虎：用车轮丈量祖国

正如一首歌唱的那样："生活不止眼前的苟且，还有诗和远方的田野……"生活总是如此平淡，如何过得与众不同，才是每个人应有的生活态度。人各有志，"80后"和"90后"历来饱受诟病，但是他们并不缺少想法和实现想法的勇气与担当。"世界那么大，我想去看看"，万宁小伙翁贤虎用他的行动证明了新一代青年人不同的生活态度和方式。

腊月廿八，翁贤虎从春运的人海洪流中突出重围，舟车劳顿地从河南回到了温暖的家中，与久违的亲人团聚。正月十六，他就再次收拾行囊，继续出发，开启了下一站的骑行旅程，纵有不舍，也只能收拾起心情，轻装上阵。

翁贤虎，万宁后安人，2010年大学毕业。在广州工作时，他认识了几个志同道合的骑友，制订了用一年半的时间骑行环游中国的计划，目前已经骑行至河南，稍作歇息，下一站骑行的目的的是山西太原。

对于游记，小虎是边走边写，而不是环华骑行结束后才编写。新鲜出炉的游记尚存余温，更能道出路途中或欣喜、或苦涩、或激动、或彷徨的心路历程。小虎喜滋滋地说："希望把在路上18个月的所见所闻、感悟、经历编纂成一本书，以故事的形式向大家传播青春正能量。"

三个臭皮匠，各司其职

在广州工作的翁贤虎在一次爬山途中结识了几名骑友，聊天中一拍即合，决定将"三个臭皮匠的环华之旅"付诸实践。人们常说："一个人骑车可以骑得更快，一群人骑车可以骑得更远！"三男一女以团队的方式环华

翁贤虎、邓海霞、符小惠、曾泽贤在拉萨布达拉宫前合影留念

骑行，可谓勇气可嘉，途中相互协作，团队精神难能可贵。

他们在广州工作、读书，相识两年，每个人来自不同的省市，团队分工明确，合理协调。队长邓海霞是湖南娄底人，主要负责协调团队；队员翁贤虎，海南万宁人，主要负责路线规划、游记的撰写及分享等；队员符小惠，广东湛江人，主要负责视频制作、财务管理；队员曾泽贤，福建漳州人，主要负责伙食、单车维修。可谓麻雀虽小，五脏俱全。

骑行的队友有“80后”，也有“90后”，他们发挥各自所长，“三个臭皮匠，顶个诸葛亮”说的就是这个理。虽然家人不太理解他们的做法，但是不想让青春留下遗憾的他们，义无反顾地上路了。

骑行途中的翁贤虎

用我们的故事换你的美酒

临近2015年的年关，一行人骑行到河南站的时候，由于天气比较冷，再骑往西北地区已是不合时宜，心有余而力不足。3个人便决定在河南租房，稍作休整，负责撰写游记的翁贤虎也可以在休息的间隙编写、整理游记。

河南的一些骑友得知他们3人在河南，一定会热心地邀请他们去自家做客，请“三个臭皮匠”喝酒，小酌几杯，开怀畅谈。他们3人在骑行路上的点点滴滴是其他骑友们喝酒聊天时不变的主题。“用我们的故事换你的美酒，两全其美，何乐而不为呢？”“绿蚁新醅酒，红泥小火炉。晚来天欲雪，能饮一杯无？”以骑会友，河南的户外冰天雪地，室内大家侃侃而谈，酒桌上流淌着温馨炽热的情谊。

他们用车轮丈量两广，轻吻云贵高原，翻越滇藏线，闯过新藏线，从南疆冲刺独库公路，再到北疆，历经磨难，饱受沧桑，一路艰辛使他们逐渐成长，团队变得强大。由于气候较冷，他们在河南短暂逗留，年后再接着北上黑龙江、吉林、辽宁，从北京、天津绕到东部沿海剩余省市，然后返程回福建；之后是环香港、澳门、海南岛；最后是台湾岛，返回广州，结束这一年半的环华骑行。

骑行结束，既是终点，也是起点

他们的故事换来的不仅仅是美酒，还有骑行爱好者一路上的关注、热心企业的赞助、沿途路人的钦佩。本来是打算趁着年少轻狂，来一场自费

西藏美景

CHU CAI WAN NING REN
出彩
万宁人

新疆班公湖美景

翁贤虎在华山南峰峰顶

的“环华骑行”，却是无心插柳，意外地得到了许多企业团体不求回报的资助：法航润滑油资助了一笔资金和一年四季团队的统一服装，美骑传媒免费提供了两台索尼的移动摄影机，中国青少年发展基金会“中国间隔年计划”项目资助了3万元资金等。

这4位骑友自2015年3月8日从广州出发，大半年来，途经广东、广西、贵州、重庆、四川、云南、西藏、新疆、甘肃、河南等省市。在最艰难的西部高海拔缺氧城市，地势险恶，他们顺利地穿越多条艰险路线，之后的低海拔省市不会难倒他们，相信成功对他们来说只是时间问题。

骑行完成后，伙伴们都要回归生活，以家庭和事业为重，不再让家人

符小惠、翁贤虎、邓海霞、曾泽贤在桂林十里画廊留影

担心。“小疯子”符小惠刚拿到毕业证，希望做一名朝九晚五的都市丽人，其他3个男士也有自己的职业规划。翁贤虎则更倾向于不再做上班族，而是回家乡自己创业。

02 开拓创新 缔造神话

杨照：让企业重焕生机的开拓者

20世纪创办的万宁市通用机械厂一度面临倒闭的风险，在生死存亡之际，党支部书记杨照走马上任。他面向市场大胆转换机制，积极实施技术改造，善于抓准商机，使企业在市场经济中焕发了活力，销路越走越宽，甚至推动产品走向海外。

在万宁市万城镇南门街一处不起眼的角落有这样一家工厂，占地面积仅25亩的厂区，却有着大约10个生产车间，每个生产车间的工人都在不停地忙碌着，有加工环卫垃圾收集箱的，有加工铝合金门框的，有加工模具的，还有生产高压电选机、单盘机、弧板机、永磁机的，这里生产的产品甚至远销海内外。可是没有几个人知道，就是这样一家工厂，曾经面临着倒闭的风险，而它之所以能够起死回生，甚至走出国门，与这样一个人有关，他就是万宁市通用机械厂党支部书记杨照。

转换机制，面向市场经济要活力

万宁市通用机械厂是20世纪50年代中期创办的小型集体企业，由于过于固化的计划经济体制机制原因，再加上经营不善和市场经济的冲击，基础差、底子薄、负债重、效益低，1995年以前固定资产仅有24万元，年产值不足70万元，工厂年年亏损，处于停产状态，厂里人心涣散。

1996年，杨照当选为万宁市通用机械厂党支部书记，主持厂里的全面工作。受命于艰难之际，杨照深感责任重大。如何才能在市场经济的浪潮下生存？为了摸清情况，掌握先机，他对工厂的历史、现状及亏损

工人正在车间里加工零件

原因等做了深入细致的调查研究，并深刻地意识到市场竞争只会越来越激烈，不改革只能被市场经济所淘汰。他还先后赴广州、湛江、茂名等地及海南其他先进市县参观考察，吸收他人的先进经验，使他明白了这样一个道理：只有彻底转变企业的生产机制，创新经营理念，树立市场经济思维，让工人的利益与企业的效益紧密挂钩，才能适应市场经济的需求，让企业长远地走下去。

摸清情况后，杨照开始对已经奄奄一息的机械厂进行改革。他采取创新技术工艺和股份合作制的形式，大胆地打破了“平均主义”、“大锅饭”的计划经济体制，采取“入股自愿、利益共享、风险共担、不能退股”的做法，推行股份合作制。首先以金工车间为试点，杨照和厂领导班子成员带头投资18万元入股。在他们的带动下，干部职工纷纷投资入股，共筹集资金38万元。金工车间实行股份制后，员工们真正成为企业的主人，大家开始心往一处想，劲往一处使，智往一处谋，形成了一股强大的合力，逐步取得明显的经济效益，仅仅一年时间，就实现了扭亏为盈。

随后，杨照抓住时机，因势利导，在全厂推行了股份合作制，从而使一个连年亏损的小型集体企业走出了困境。2009年，随着企业的不断壮大，为了更好地走出去，万宁市通用机械厂注册成立了“海南万宁杨帆实业有限公司”。

改造技术，让产品越海畅销

随着企业转亏为盈，市场扩大，原有的生产设备普遍老旧，生产技术和工艺落后，加工能力低效，生产出来的产品质量差、成本高，不适应激烈的市场竞争需求的问题进一步凸显出来，因此必须进行生产设备和技术工艺的升级改造。杨照发动工人筹集资金68万元，购进车床、铣床、钻床、刨床和滚齿机等先进设备20多台，为研制适销对路的产品打下了基础。

不仅如此，为了给市场和顾客提供工艺成熟且质量高的配套产品，杨照在产品质量上总是精益求精。当他了解到厂里生产的新型精选钛锆矿成套设备工艺流程不够合理，分选的钛锆品位不高时，便深入到市内20多家钛厂生产第一线进行调研。通过深入的分析研究，杨照大胆地应用矿物的导电性和介电常数的差异及不同矿物通过电晕电场及静电场时表现出不同电特性的原理进行技术改造。从研究制定项目技改的总体方案、完成

杨照（左二）向客户介绍产品的性能

工艺设计、绘制图纸到鉴定技术文件的编制，他都事必躬亲，尤其是新产品生产试验这个环节，更是视为重中之重。他选择市内最先进的李秀钛厂作为技改设备的试验场地，把技改后的新型精选钛锆矿成套设备安装在该厂的车间内进行现场试验。通过生产试验、验证，新的设备工艺提高了矿品质量和生产效率，不但减轻了劳动强度，而且生产出来的钛锆通过化验分析，品位达到了国家要求。该技改项目荣获了2007年度“万宁市科技进步奖”特等奖，受到了海南省商务厅的肯定，并获得省对外经贸区域协调促进资金的无偿援助。

在杨照的带领下，万宁市通用机械厂先后共开发出10多个新产品，

新型的精选钛锆矿成套设备荣获2007年度“科技进步奖”特等奖

Φ 120 × 1500型双辊电选机项目荣获2004年度“万宁市科学技术进步奖”一等奖

其中虾塘、鱼塘高效增氧机和吸泥泵填补了海南省的技术空白，自行研制的 Φ 120 × 1500型双辊电选机荣获2004年度“万宁市科学技术进步奖”一等奖。目前，产品销售市场广阔，不仅销往北京、上海、广东、深圳、湛江、广西、福建、辽宁、山东、湖南、湖北等省市的市场，而且出口到印度尼西亚、越南、赞比亚、尼日利亚、马来西亚、泰国等国家，深受客户的信赖，在国际市场上占有一席之地，进而提高了万宁钛故乡机械设备生产制造的知名度。

善抓商机，市场之路越走越宽

杨照常说：“市场经济实质上就是订单经济，谁拥有订单，谁就占领市场，谁就是市场经济的强者。”他在改造技术、开发新产品的同时，及时掌握市场需求动态，善于抓住商机，扩大生产。当了解到万宁农民需要大量槟榔打柴机烘烤槟榔的信息后，他夜以继日地参阅大量技术资料、设计图纸、研制样品，并当机立断地建议公司投资制造槟榔打柴机。经过精密的技术攻关，他们生产出来的槟榔打柴机节约能源50%，属低碳经济设备，深受客户的青睐。

为了拓宽市场，他向社会招聘销售人员，充实和扩大销售队伍，组成了一支精干的推销力量，并在北京、海口设立办事处，在重点市县建立销售点。他还让人印制了图文并茂的企业宣传册，通过互联网进行推介，吸引大批外地客户上门订货。有个越南的客户在网上看到推广产品的信息后，立即飞往海南，到万宁进行实地考察，订购了70多万元的精选钛锆矿成套设备生产线。

现代企业卖的不仅是产品，更重要的是信誉。杨照始终坚持“客户第一、服务至上”的宗旨，以诚感人，以信服人。他经常带着技术人员早出晚归，回访客户，做好售后服务工作。近两年来，先后组织10多名技术人员到朝鲜、越南、印度尼西亚、缅甸和尼日利亚等国安装设备，提供售后服务。其所生产的产品也逐步扩大为各种型号的吸沙泵、吸泥泵，选钛设备，虾塘、鱼塘、鳗塘高效增氧机、高效水泵，高压电选机、弧板机、磁选机、选矿机、永磁机、提升机、烘干炉，振动筛、筛沙机制砖设备，以及各种机械和零配件的设计、制造、安装、修理、铸造。产品远销世界各地，出口额不断增加，年销售额一度突破1000万元，不但为下岗职工再就业创造了良好的平台，而且为企业培养了一批年轻优秀的机械专业人才。

不忘初心，为职工解决困难

企业发展好了，杨照没有忘记与职工们一起同甘共苦的日子，他先后

图文并茂的烘干炉简介

招回71名下岗职工，重新安排工作，实现全体职工再就业，并按时发放职工的工资，上缴职工社保金，消除了职工的后顾之忧。此外，为了增加集体收入，提高职工福利，杨照积极征求职工意见，经过大家反复讨论研究和多方努力，制订方案，得到职工的大力支持，利用厂区原有的闲置土地集资建成两栋约4000平方米的商品楼，解决了40户职工住房困难的问题。

“他生活朴素、重感情、讲正气、关心困难群体，厂内职工有困难总是热心帮助。近些年，他个人先后为救灾、助学、修路造桥等社会公益事业捐款共计10多万元，是我们厂在转型的关键时期遇到的一位难得的好

领导。”现任万宁市通用机械厂厂长的林春安这样评价杨照。

万宁市原市委书记，现任海南省委常委、省组织部部长的李秀领在一次大会上曾中肯地说：“通用厂在推进企业改革中，没有向政府伸手要一分钱，也没有向银行要一分贷款，依靠自力更生，艰苦奋斗，取得这样好的成绩，令人深受鼓舞，它是万宁工业战线的一面旗帜。”

杨照立于企业改革的潮头，大胆探索，敢于创新，谱写了企业改革的新篇章。由于出色的表现，他于2011年被评为“首批万宁市优秀人才”，并先后当选为万宁市政协常委，万宁市投资环境监督专员，万宁市总商会副会长和万宁市优秀共产党员。万宁市通用机械厂党支部多次被评为市先进党支部和先进基层党组织。

陈启程：夫妻共创海南环岛骑行驿站

国际旅游岛，商机无限。陈启程瞄准旅游行业的空白，与妻子一同打造海南环岛骑行驿站，开创异地租还车模式。创业路上，他们风雨同舟，不离不弃，终于迎来了事业、家庭“双丰收”，并成为业界当之无愧的“开路先锋”。

艰难的创业路上，他与妻子同甘共苦，风雨同舟，不离不弃，终于迎来了事业、家庭“双丰收”，并成为业界当之无愧的“开路先锋”。这就是海南启程悠游公司CEO、海南517环岛骑行驿站创始人陈启程和同为“80后”的妻子侯姝媛的故事。

瘦高的个儿，白纹T恤配上牛仔裤，头上箍起了一撮黑色小辫，再“混搭”两撇帅气的小胡子，若不是亲眼所见，很难让人相信，这个阳光俊朗、潮范十足的万宁小伙子就是陈启程。

陈启程的故事要从一次美丽的相遇说起。2013年1月，在经历了大专毕业4年的工作之后，刚考完研的湖北荆州女孩侯姝媛来到海南，以海南环岛骑行来庆祝考研结束，这是她人生中的第二次长途骑行。正是这次骑行让她与陈启程结识，他们不仅收获了爱情，侯姝媛还与爱人成为“海南合伙人”，瞄准海南旅游趋势，在海南多地建设骑行驿站。

创业，说起来容易，做起来却十分困难，问题很快接踵而来。首先，资金是最大的难题。“小两口儿”向亲朋好友借、办信用卡借贷，加上陈启程之前开店的一点积累，东拼西凑了10多万元，租下了海口市新埠岛一栋毛坯别墅。

刷墙、涂鸦，水吧、车棚、鹅卵石、小路、花园……因为没钱装修，几乎所有的设计和装修都是他们自己完成的，电焊、木工这些技能还是陈启程现学现用的，侯姝媛身体不适时还要亲自提水刷地。因为资金短缺，只能边运营边完善。

正当两个年轻人满怀热情想要热火朝天地大干一场的时候，残酷的现实如当头浇来的一盆凉水。驿站开业第一个月，生意惨淡，40张床位，入住者寥寥无几，100多辆自行车也没几辆租出去。因为没有客源，开业

前半年，驿站几乎处于亏损状态。屋漏偏逢连夜雨，创业已然如此艰难，爱情又遭遇挑战——陈启程和侯姝媛的交往遭到了双方父母的反对。

陈启程和侯姝媛没有因此放弃事业和爱情。功夫不负有心人，2013年10月起，随着海南旅游旺季的到来，慕名而来的客人越来越多，驿站的春天来了。

为了构筑驿站口碑，两人竭力提供热情周到的服务。爱好骑行的他们熟知海南的情况，给每一位骑友提供了非常详尽的骑行攻略。驿站的名字很快在骑友中传开，甚至韩国、哥伦比亚的客人都慕名而来。现在，驿站的墙壁上满是可爱的涂鸦和旅客留言，由于来的客人太多，连天花板上都被写得密密麻麻。

驿站终于扭亏为盈了，苦尽甘来的“小两口儿”并不满足于现状，开始乘胜追击，2014年4月，他俩投资近30万元，在三亚海坡度假区开了第二家直营驿站——三亚517环岛骑行驿站（“517”是“我要骑”的谐音）。2015年2至3月，仅海口、三亚两家店就盈利15万元，月客流量2000人左右。同时，他们还创造了“海口租车—三亚还车”的便捷租车模式，在海南首开“单车租赁+住宿+异地还车”模式的先河。陈启程负责海口店的生意，侯姝媛负责三亚店的生意。2015年2月，他们以自己的名字命名，注册成立了“海南启程悠游公司”。由于名气越来越大，有加盟商主动找上门来，在文昌、博鳌、兴隆设立了3家加盟店，两人完成了海南东线的布局。至今，这对“80后”小夫妻在海口、文昌、博鳌、兴隆、万宁神州半岛、三亚、琼中、五指山、东方、儋州等地开设了11家517骑行驿站，年收入百万元，成为业界当之无愧的“开路先锋”。

在事业蒸蒸日上的同时，他们的爱情也终于有了归宿。一路走来的

陈启程和侯姝媛共同创办的517骑行驿站

艰辛让两个人的心越靠越紧，也终于感动了家人，他们如愿收获了双方父母的认可和祝福。

如今，517骑行驿站不仅在横向铺开覆盖面，从纵向也拓展了产品和服务，推出了系列明信片，还卖海南特产，为骑友提供方便，并与信誉好的旅游企业合作，为骑友提供信得过的票务或旅游服务。

517骑行驿站推出的系列明信片

陈启程为骑行者检查自行车

“海南机会很多，骑友来海南骑行不仅仅是骑行，他背后还是有很大的商机。”家在万宁东澳镇的陈启程说。随着创业之路越走越宽，两人也在谋划着更长远的发展。“我们要打破夫妻店的模式，慢慢走向企业化和正规化！”这对“80后”小夫妻信心满满。

冯清雄：都市中筑起森林庄园梦

在国际旅游岛建设起步时，冯清雄敏锐地察觉到失速的酒店业同质化非常严重，其实酒店除了睡觉，也可以打造成适应现代人心灵需求的栖息地。结合个人思考和行业机遇，他在海南打造了名为“森林客栈”的主题酒店，在城市中刮起了“森呼吸，慢生活”之风，成为这一领域的开创者。

在海南都市的酒店中，名为“森林客栈”的主题酒店十分独特，它的设计让人如置身室内森林，吸引了不少都市人群和文艺青年到此“森宿”，在城市中刮起了“森呼吸，慢生活”之风，它的创造者就是万宁人冯清雄。

现年47岁的冯清雄，出生在万宁市龙滚镇的一个农家。他没读完高中，后来在海口读了电大。在海口宾馆工作了9年，勤奋好学的他一直从酒店的底层员工干到了管理层。但出身农家的他一直没有忘记家乡，总想着要回馈乡里。1999年，冯清雄辞职后，回到家乡龙滚镇开办了当地第一家私立幼儿园。

在回老家开办幼儿园时，冯清雄经常穿梭在乡野之间，感受到大自然的魅力，呼吸着新鲜的空气，享受着乡村泥土的气息。远离喧嚣的都市，回归宁静的自然，让他的内心恬淡而安宁。冯清雄从小就怀有拥有自己的庄园的梦想，回乡的体验让他再次回想起儿时旧梦，一个主打海南乡村风情主题客栈的念头浮现在他的脑海里。

2010年，海南启动国际旅游岛建设，冯清雄看到了其中的商机。他说：“从前人们缺乏吃喝的时候，有的吃就是幸福；然后渐渐有了钱，便认为以车代步就是享受；再到飞机，想去哪儿就去哪儿，一天可以快速地瞬息万里；但到最后才发现或许慢下来，等一下心灵，用脚走着去感受大自然

火山石与油灯

才是最好。”他认为即使是城市的酒店，也可以打造成适应现代人心灵需求的栖息地。

冯清雄决定创业，结合儿时的梦想打造一家主题酒店，他给梦想中的庄园取名“森林客栈”。“在我们省提出‘深呼吸，慢生活’之前，2012年我们就提出了用‘森呼吸，慢生活’的理念去做酒店。我们不能光是有个空调，有个电视，娱乐一下客人就够了。”

因为对梦想的追求充满了激情，冯清雄创业时干劲十足。尽管如此，有些事情还是让他犯难，那便是客栈的产品设计。毕竟当时海南还没有类似“森林客栈”这样的主题酒店，对于冯清雄来说，很多时候都是“摸着

森林客栈内景

石头过河”，他只能尽力向设计师描述自己的想法，然后由设计师描绘出一张图纸，不满意的地方再反复斟酌和修改。对于酒店的设计，每个方面他都要咨询三四个人的意见后才做。最后，他选择了火山文化和原生态自然理念来打造“森林客栈”，展现琼北的乡土味，灌注海南的乡村记忆。第一家“森林系”是海口凤翔路的森林城市酒店，而最后呈现的效果则是：酒店大堂里古船木构筑的大门和栈桥，火山石和簇拥成群的槟榔树、椰子树、芭蕉等热带植物，流淌着能奏响天籁之音的火山瀑布和小桥流水，使来客一进门就能感受到扑面而来的古朴气息，让人犹如置身于室内森林。

从2010年到2015年短短5年时间，从海口的森林客栈、森林城市酒

森林客栈内的森林市集售卖各种海南特产

店，到儋州热带植物园和市中心的两家森林客栈，再到琼海万泉河边的森林客栈，冯清雄的“森林”主题客栈“因地制宜、因店而异”的个性化打造，近年来在海南掀起了一股“森呼吸，慢生活”之风。5家“森林系”的名气越来越响，吸引了不少都市人和文艺青年到此“森宿”。有一对法国夫妇在中国只安排了10天行程，但在这短暂的行程当中，他们在儋州森林客栈就住了6天，随后的3天又选择住进了海口森林客栈。当了解到万泉河森林客栈即将开业时，他们表示下个假期还要来体验万泉河森林客栈。

2016年4月，冯清雄的森林庄园梦还在继续，这次终于如愿以偿地在

日月湾森林客栈外景

日月湾森林客栈的客房

游客与当地渔民在日月湾海边撒网捕鱼

家乡万宁日月湾的大海边，在山海环抱的沙滩上，森林客栈又开启了一次海世界的梦想之旅。日月湾因为天赐良景，占据了海之南最具浪漫风情的海浪、礁石大山、青皮林、河流、蓝天五大奇观，同时这里又是世界冲浪基地，常年有世界各地的冲浪客云集，体验海浪巅峰的极速时尚运动。因为对主题的兴趣和研究，正好冯清雄打造的“日月湾店”就是一家冲浪“海”文化的乡村风情主题客栈，一经推出，便得到“森粉”和玩海人士的点赞与“嗨皮”。关于在家乡建起一座森林客栈的想法，冯清雄说：“多彩多情，万福万宁！家乡万宁的物宝天华多彩多情，能在家乡建起自己的客栈庄园和在家门口接待喜欢海之南及爱恋万宁山水风情的世界各地的朋友们，实在是太美妙了。”冯清雄的下一个森林梦、庄园梦会在哪里产生“爱”的火花呢？我们祝愿他将持续美丽绽放。

符冬波：『椰壳疯子』的天地

10年前，符冬波仅仅是个下岗工人。如今，他的工厂出产的椰雕作品畅销无阻。从零开始，从一个爱好者到一个创业者，他失败过，突破过，坚持让他获得最终的成功，这位“椰壳疯子”开拓出了实现人生梦想的新天地。

从一个农机修造厂的下岗工人到一个痴迷于椰雕艺术品的“椰壳疯子”，再到一个打造出让商家抢疯了的椰壳工艺品的创业者，万宁人符冬波在椰壳里实现了属于自己的梦想。

“下岗10年了，真没想到我能走到这一步。”在万宁市大茂镇大园村，站在自己开办的椰壳工艺品厂里，符冬波有太多的感慨。

2005年，在万宁市农机修造厂当工人的符冬波下岗了，从小对椰雕兴趣浓厚的他索性从零开始，做起了椰壳工艺品的生意，并前往义乌、海口、文昌等地考察学习。10年里，他尝试过景观类椰雕、椰壳粗加工零件、传统椰壳工艺品、椰壳厨具，突破过，也失败过。

在疯狂的时候，他有了灵感便起床捣腾，哪怕当时是凌晨4点。整天不是对着椰壳，便是对着电脑找创意，妻子扯断了网线，他便跑到网吧接着钻研。为了钻研椰雕，他投进了所有的积蓄，其中有他挨家挨户从朋友那儿借来的钱，甚至还花了女儿的大学学费，家里的钱变成了成堆的椰壳，几乎要把房子埋进去……妻子把离婚协议书摆在了他的面前，朋友们都说他疯了，几乎没有人看好他。

符冬波一门心思地想搞椰雕，也确实做出了一点名堂。他的办公室里如今还摆放着一盆桃树，桃子姿态各异，栩栩如生，桃叶脉络精致，惟妙

符冬波研制的天然椰壳餐具

惟肖，凑近看才发现是椰壳雕塑而成。这件立体工艺类的椰雕在业内属创新之作，曾在2010年海南省首届工艺美术精品展上获得铜奖。

但符冬波期待的成功没有因此而到来。他大把大把地钱砸进去，跟着海南椰壳传统工艺品企业做椰壳扣，椰壳花瓶、娃娃，椰壳包，但都没有市场。2012年时，符冬波的生意陷入了泥淖，痛定思痛的他决定再次创新，走精品化路线。凭着对机械的熟悉，他决定把椰壳工艺品与自己的特长相结合。“多次去浙江考察后，我决定引进半自动化流水线生产方式，打造实用的椰壳厨具。”再次结合实际考察市场后的符冬波对产品做了重新定位。

这一次，他成功了。

符冬波推出的椰壳厨具在2013年海南省选拔参展某项全国性博览会时一经亮相，便一炮打响，引起了业界轰动。海南省旅游商品企业协会会

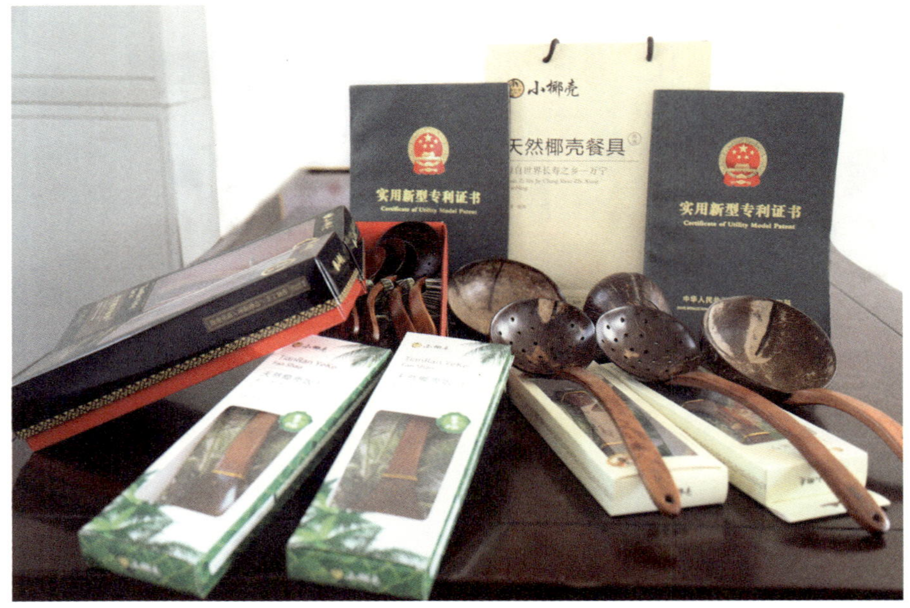

天然椰壳餐具获得实用新型专利证书

长余从武给他发来了一条短信："你疯了没？反正大家都疯了。"

汤勺、水瓢、筷子、捞勺、储物盒……符冬波研制推出的一系列椰壳厨具让经销商们抢疯了。"我打磨给女儿用的一把汤勺，都被人买走了。"他对这个细节记忆深刻。

成功并非偶然。在符冬波的工厂车间里，每名工人都守着一台机械，或是切割，或是打磨，或是拼接，低头忙碌不停。由于椰壳大小不一，厨具制作对手工依赖程度较高。从椰壳到一把椰勺，一共要经历42道工序。"光是找这个胶，都用了两年。"符冬波说。勺与柄之间的胶水也需精益求精，使用的胶水要求是可食用、无污染的胶水。为此，他曾往来

符冬波与同事们一起研发椰壳餐具

广东、上海，买回来一大堆胶水，试用了一种又一种，直到可以通过专业检测机构的检测。

2015年，符冬波的椰壳事业取得了长足发展，亮相文博会、冬交会，进驻奥特莱斯，又获得中国特色旅游商品评选活动金奖。如今，设计雅致、绿色环保的椰壳厨具也成了海南特色伴手礼。到当年年底，他的小椰壳厂已迅速吸收近百名就业困难的人上岗就业，由于现有工厂规模小，产量低，向他订货的经销商已经排到了2016年，为此，占地10亩，设备齐全的新厂即将落成。

2015年，符冬波潜心研发椰壳餐具的高端产品，打造精品中的精

2015中国特色旅游商品评选活动

证书

小椰壳牌天然椰壳厨具 ：

荣获2015中国特色旅游商品评选活动金奖

特颁此证。

国家旅游局

二○一五年十一月十三日

2015年，天然椰壳厨具在国家旅游局举办的中国特色旅游商品评选活动中获得金奖

品，很快将推向市场。他说：“这些是从35000个椰壳中选出500个厚度达到1.2公分以上，花纹、色泽等都极其漂亮的椰壳制作出来的高端产品。”“绿色天然、原汁原味是海南菜的‘招牌’，来自海南山野间的环保天然椰壳餐具则正好契合了这一风格。”正如喝茶讲究茶具搭配一样，带着海岛清凉且充满幸福味道的餐具让吃饭成为一种享受。

刘运辉：让『山鸡变凤凰』的『鸡司令』

刘运辉是万宁北大镇六角岭村苗家的第一个大学生。瞄准市场前景，他返乡创业，不仅自己打造山鸡饲养基地，把销售网络发展到岛外，还带领当地村民发展这一产业，开拓村民增收的新途径。

若是在几年前，万宁北大镇的农民们怎么也不会想到“山鸡变凤凰”的事会发生在自己身上。但如今，在一个返乡大学生的带动之下，这里的山鸡成为北大镇独具特色的名牌产品，拥有了省级山鸡人工饲养示范基地，开拓了农民们增收的新途径。他就是北大镇六角岭村苗家的第一个大学生，被称为“鸡司令”的刘运辉。

20世纪90年代，刘运辉从广东民族学院本科毕业后，被分配到单位工作，后来下商海自谋职业。10余年时间，他走南闯北，在闹市街头摆地摊卖过衣服，在养殖基地养过鱼，搞过广告，当过导游。

刘运辉的家乡北大镇六角岭村是一个苗族聚居的边远偏僻山村，共有1300多口人。由于种种原因，六角岭村经济生产还很落后，村民收入比较低，生活贫困。2008年，在家的刘运辉看到父亲从山上抱回一窝6枚山鸡蛋后，他带着尝试的念头，将山鸡蛋利用家养母鸡进行孵化。不久，几只活泼健康的山鸡雏苗破壳而出，经过放养后顺利成活。刘运辉自此受到启发，野生山鸡作为热带雨林的野生品种，素有“野味之王”美誉，具有较高的药用价值和食用价值，如果能够利用科技手段，把野生山鸡变为人工饲养，形成批量的商品提供给市场，商机十分广阔。

当年，看到山鸡养殖的前景，刘运辉卖掉了海口的房子，头也不回地

孵化出的小鸡

回到了生他养他的山村苗寨，一方面立志通过发展山鸡养殖产业，重新点燃人生拼搏奋斗的火焰，另一方面则是想通过自己的带动，引领家乡人拼出一条致富之路。

刘运辉通过认真考察，发现六角岭村地处丘陵山地，周围都是橡胶林和灌木林区，是人工饲养山鸡的理想场所，也是村民们容易接受、乐意发展经济的一种资源优势。于是，下了决心的刘运辉一边上网搜索、阅读有关资料和信息，购买科学养鸡的技术书刊，一边到省内各地市场展开调查，一条适合于山村经济发展的养殖道路逐渐清晰起来：他要打造高标准的养鸡基地，让野鸡飞出山窝窝。

饲养山鸡的理想环境

万事开头难。创业初始，缺技术、缺资金、缺设备，刘运辉就带着家人自己动手，建屋搭棚，经过艰苦的努力，在一处橡胶、槟榔和灌木混杂生长的山洼里，建成了一个占地15亩，包括隔离网、饲料配置区、生活区、发电房、育雏区、孵化室和鸡舍、散养放牧区、粪便及废物回收无公害发酵区的山鸡养殖场，并通过网络从山东省的一家工厂购回第一台小型孵化机。

加上后来政府的扶持，功夫不负有心人，刘运辉终于成功地从养殖场里抱回第一窝金。如今，刘运辉已经在育雏、育成、母鸡管理到孵化的各个管理环节上掌握了比较成熟的技术，驯养的山鸡成活率高。于是，

养殖场里的山鸡

他从技术、资金等方面带领北大镇当地60多户村民养殖山鸡，每个月固定向当地供应3万只雏鸡。

大胆尝试人工饲养山鸡成功后，刘运辉便带动当地村民一起发展这个产业，为当地经济的发展做出了特殊的贡献。万宁市在推进“一镇一品”时，将刘运辉饲养山鸡的基地作为北大镇经济发展的龙头品牌，省相关部门也将该基地列为省级山鸡人工饲养示范基地，附近的村民都到基地里免费领取鸡苗，刘运辉再按市场价回收。

养得好，更要卖得好。如何寻找销路，打开销售渠道，刘运辉不断在寻求改进。2015年上半年，刘运辉的山鸡还是以岛内销售为主，2015年

养殖场里的山鸡

下半年逐渐销往广东、上海、浙江等地。在销售模式上，考虑到按现有的在农贸市场的传统销售模式，卖不多，也卖不远，刘运辉着重向电商方

孵化出的小鸡

面发展，包括微商、电商都尝试去做，慢慢地走上了一个长远的轨道。

为了延长产业链，将产品卖向全国各地，刘运辉从长远着手，在万宁市畜牧局的帮助下，建起了屠宰场、冷冻库，并钻研解决了发货保鲜问题。截止2016年，深圳有两家、上海有一家山鸡经销商。

满怀创业的希望和梦想，刘运辉正一步一步地实施着扶持村民的计划，打造公司 + 基地 + 农户的运作经营模式，在实现自身发展的同时，也取得了良好的经济效益和社会效益。未来，刘运辉这个“鸡司令”将越当越大，把山鸡产业真正做成当地山区农村特色商品的产业化示范行业，带动乡亲们共同发展，共同致富，建设美好的苗族家园。

卓齐辉：拯救记忆中的和乐蟹

和乐蟹是海南四大名菜之一。为了拯救记忆中的和乐蟹，卓齐辉召集朋友回到家乡和乐镇，合伙创业。他品尝失意而不退却，终于实现了和乐蟹的成功养殖，还带动乡亲们一起致富，同时他挽救小海的梦想也在一步步地实现。

世界那么大，你想怎么看？万宁和乐蟹保育中心的卓齐辉和他的5名小伙伴用行动做出了回答：返乡创业，创造属于自己的世界，拯救记忆中的美味——和乐蟹。

如今，4年过去了，卓齐辉不仅实现了和乐蟹的成功养殖，收获了财富，还带动乡亲们致富奔小康，更重要的是，他的挽救小海的梦想也在一步步地实现。

返乡创业，只为和乐蟹

返乡创业，养殖、种植什么的都有。海南四大名菜中的文昌鸡、加积鸭、东山羊皆是养殖的，唯有和乐蟹一直都是海里自生的。

作为海南四大名菜之一的和乐蟹，海南人无不知晓，乃至许多全国各地的人都慕名而来品尝这一美食，但随着万宁小海环境的逐渐恶化和过度捕捞，野生和乐蟹已经近乎绝迹，很多本地人也很少有机会能品尝到它。

从小在和乐镇长大的卓齐辉每次回到家乡看到村民们因为缺乏养殖技术和环保的理念，小海的资源一直被透支，让他心疼不已。

海南四大名菜之一 —— 和乐蟹

卓齐辉把挽救和乐蟹和修复小海环境的想法告诉了他的5名高中同学，大家一拍即合，但是这个想法却遭到了卓齐辉父母的反对，连村里的人听到后都连连摇头，觉得这个年轻人的脑袋进水了。

2012年，卓齐辉不顾家人的反对和乡亲们的不理解，辞掉了年薪数十万的工作，从南美洲回到万宁创业，和他的5名高中同学带着要挽救和乐蟹和修复小海环境的满腔热情，投入到和乐蟹的保育中去。

卓齐辉说："回来做和乐蟹保育中心，这是一个公益机构。但做完了之后，我们发现小海野生螃蟹的数量非常少，就尝试着从孵育的角度看这个螃蟹能不能养，最初并没有说要成立公司赚多少钱，就是纯粹的想

海南四大名菜之一——和乐蟹

进行环境保护。”

在保育和乐蟹的过程中，卓齐辉发现养殖和乐蟹和保护小海环境可以同时兼顾，只有带动养殖户养殖和乐蟹，富裕起来了，才能更好地挽救和乐蟹，修复小海的环境。

带动乡亲，初尝成功的喜悦

带着咸味的海风掠过小海养殖区几千亩的池塘，又轻轻扶起成群的白鹭在池塘上空滑翔，又吹过悠然凫水的海鸭。

卓齐辉（中）和一起创业的同学及记者（左一）合影

卓齐辉就是在这里出生长大的，深吸一口带着咸味的海风，他步履轻快地沿着小海海岸向自己的蟹塘走去。“看，一只野生的和乐蟹！”他停住脚步，屏住呼吸，指着小海中一抹一掠而过的青影兴奋地大叫，“现在虽然也少，但早几年你就没这运气看到了。”

卓齐辉要带领大伙一起致富，他就要先富起来做出榜样给村民们看。卓齐辉成立了和乐蟹公司，想以公司加农户的形式带动村民一起致富，虽然还只是创业的起步阶段，但他凭借拼命地干事来坚持当初的理想。

后生仔再次引起小海老农们的注意时是在2012年年底。“阿辉塘里的螃蟹快跑出来了，叫我们帮他去抓一下！”来到后生仔们承包的一个池塘边时，这些老农惊呆了，池塘里的水因一次误操作被排空了，满池塘的大螃蟹挥舞着钳子正活力十足地往外爬！“天啊！我水产养殖几十年，从没见谁能用一口池子养出这么多螃蟹的！”年近六旬的老养殖户冠叔啧啧惊叹。

60亩池塘的第一遭销售额达到70万元！整个小海养殖区都沸腾了，老农们挤满了后生仔临时居住的棚屋，向他们讨教养蟹的经验。

这似乎都在往卓齐辉预想的方向发展，但2013年12月13日是卓齐辉最难忘的一天。那天早上，卓齐辉带着他的和乐蟹去海南国际会展中心参展，和乐蟹吸引了众多观众和媒体的眼球，也让他带过去的和乐蟹销售得很好。

这一刻，他笑了，让承担各种压力的他终于有了些许收获。突然，卓齐辉接到一个电话，瞬间让他惊呆了：一场席卷整个万宁的洪水把他的养殖场全部淹没了。他来不及收拾行囊就赶回了万宁，看到变成一片汪洋的养殖场，卓齐辉感到深深的失落感。

卓齐辉和他的合作伙伴没有气馁，因为他们明白，他们是要来挽救和乐蟹和保护小海环境的，不能因为一时的个人得失而放弃了他们一直坚持做的事情。“但是我们几个小伙伴最终还是觉得这个东西是我们长期要做的事情，我们要花很长时间去摸索的事情，被淹了就被淹了，我们重新开始，我们又继续整理好，继续放苗、继续养，很快我们又进入了一个新的周期。”卓齐辉说。

定制一片池塘，埋下一个梦想

卓齐辉心里明白，农业和其他产业不一样，受生物的生长繁育规律和

池塘边的和乐蟹

草丛中的和乐蟹

俯瞰星罗棋布的和乐蟹养殖池塘

捕蟹

自然条件的制约，具有明显的季节性和地域性，生产周期较长，一时半会儿是见不到成效的，他更要沉下心去慢慢去做。

和其他创业者不太一样的是，再难的时候，卓齐辉都没有掉过一滴眼泪，因为他始终相信自己的选择是正确的。因为爱着家乡，因为爱着小海，因为爱着和乐蟹，必须坚持，或许有一天村民们会发现原来这个

脑子进水的年轻人在带领大家干一番大事业。

“这几年一直走过来，包括我们经历的很多洪水，很多别人的不理解，或者包括我们在养殖技术上的一些问题，都有。因为我们觉得这个事情是长期要做的，也是兴趣爱好所在，然后就觉得不管多大困难，做着做着也就觉得那样子了，看得比较淡了。”卓齐辉说。

如若往年，一切似乎都没有发生太多的变化。夜半，卓齐辉依然习惯性地到池塘边逛逛，塘埂是最好的催眠步道，手电筒的光圈打在沾着露水的杂草上，闪珠一圈一圈，那是这片土地送给他们的光环。

卓齐辉的手指上依然有着新旧伤口，那是他的螃蟹们留给他的纪念，这群让他又爱又怜的小家伙依然会趁他不注意，时不时地给他来上一下子。而当他看到螃蟹脱壳成长时，依然会激动不已。

当年被螃蟹教训得“没脾气”的他，现在也能随手抓起碗口大的螃蟹随意指点，向蟹农们传授养殖方法。他们的生态养殖法与传统养殖户们买回蟹苗抛进池塘便不再理会的粗放式养殖法不同，显得更加粗中有细。

他们选择原始自然农法，重造池塘的生态环境，在放养和乐蟹的同时，开始在池塘内引入其他的虾虫鱼草，人工保育野生和乐蟹；绝不轻易往水体中投入药物，以免破坏水体的生态环境；注意池塘中螃蟹的密度，以免螃蟹之间“自相残杀”。

多次试验后，他们得出结论：每平方米1到1.5只螃蟹是最理想的密度；塘边埋上黑色塑料膜，以免螃蟹“离家出走”…… 一项项一条条养殖技术，卓齐辉如数家珍。

卓齐辉养和乐蟹不施加人工药物，用生态搭配混养保证水质不受污染，他们的饲养方式是在培育池塘里整个生物链的结构。“我们就相当于池塘生态结构的策划者，我们放多少鱼、多少藻类、多少螃蟹，都在考虑池塘内能量的平衡，有一个平衡生态的循环。这种养殖方式能保护水质，使螃蟹不会生病，还能增量，质量很高。”现在他们养殖和乐蟹的池塘里，水质达到了二类水的标准，比小海中的水还要干净。

创业的感觉就像是藏着许多惊喜，需要自己去探索，刻意去追求规模可能会使企业走得很吃力，甚至变形。在卓齐辉的建议下，公司现在推行预约定制池塘，甚至可以预约定制螃蟹的尺寸。

卓齐辉和他的小伙伴们还有一个新的想法——要将池塘恢复成原有的湿地环境。“我们也经常和很多环保组织沟通交流，发现恢复湿地环境和养殖产业其实并不冲突。”保育中心里英语能力较强的辜迅翔经常阅览国外资料，他发现在东南亚的很多国家都有在红树林里养殖青蟹的成功做法。“恢复湿地环境，还能够发展生态旅游业。我们希望能够创造出一个样本，然后逐步推广开来。”

一位从农村考到城里的大学生辞掉了数十万年薪的工作，毅然选择返乡养殖和乐蟹，能够舍弃自己头上的光环，卸下身上的包袱，这是因为他尊重自己内心的声音，更可贵的是，他对故乡的情怀，希望挽救和乐蟹和保护小海环境，领着乡亲们一起富裕。

卓齐辉年纪轻轻，却对自我与责任有深刻的认识，难能可贵。未来的岁月，卓齐辉一定能如愿地完成自己的梦想。

叶茂：『金鹿神话』的缔造者

在海南，金鹿集团广为人知，而他的创造者是万宁人叶茂。凭着对事业的执着追求和诚恳的经营理念，叶茂缔造了“金鹿神话”。与此同时，他不忘初心，坚持企业改制中不让一名员工下岗；回馈社会，在支持海南及万宁的教育事业中，企业和个人都捐献了大量财富。

“人生的价值在于做好自己应该做的事情，每个人的志向不一样，踏实做事就好。”这就是“金鹿神话”的缔造者、从万宁和乐镇走出的企业家叶茂的价值观。他将这朴素的道理融入自己的一言一行中，凭着对事业的执着追求和诚恳的经营理念，他一手创办的金鹿集团业绩蒸蒸日上，目前已成为海南的龙头企业，在国内6个省市建立了7个生产基地，在马来西亚和印度尼西亚设立了分公司，形成了“以海南为基地，背靠泛珠三角，面向东南亚”的产品销售新格局。

向创新要生产力，产品远销国内外

金鹿集团的前身是成立于1958年的海口八一手扶拖拉机制造厂，1989年至1991年，企业经营陷入困境，濒临破产。危难之时，1992年初，叶茂走马上任，开始了艰难的改革与探索。他上任后不久就提出了“经营主体多元化，企业管理市场化”的理念，通过一系列的努力，1993年，企业扭亏为盈，初步走出困境。1997年，他利用当时的优惠政策，开始实施改制，通过员工持股，逐步实现了从国有企业向民营企业的彻底转变。

海南金鹿投资集团有限公司办公大楼

“做企业，关键是创新，我们的农机，要走出一片天地，要有制度，有创新。”科技是第一生产力，作为一名高级工程师，叶茂经常下到生产第一线，带领工程技术人员进行科研攻关。公司原来生产的手扶拖拉机，产品老化，不适应市场需求，急需开发出一种适合农村使用的替代产品。在企业的主导产品金鹿牌工农－16K后驱动型拖拉机的开发研制过程中，从市场调研到产品设计、样机制造、改进完善、生产管理，再到市场营销，他都亲力亲为，提出了不少合理化建议和宝贵意见，倾注了大量的心血。该型号的拖拉机荣获省、市科技进步四等奖、三等奖和国家实用新型专利（叶茂是技术第一负责人）。投放市场后，深受广大农民兄弟的欢迎，

叶茂与技术人员共同研发新型产品

销量逐年上升，年产量从1996年试产时的20台增加到2009年的11701台，占领了海南95%以上的市场份额。

叶茂不满足于救活企业，他考虑的是如何及时调整产业结构，走经营主体多元化的路子。他打破企业20多年来单一农机产品的结构模式，提出了“以第三产业为基础，保稳定；以机械产品为重点，壮规模；以高科技为动力，促技改；加强企业管理，提高经济效益”的企业发展战略，成功构筑了农机制造、商业物业、物业管理、房地产开发四大支柱产业。在叶茂的带领下，“金鹿”还将在工业产业园区开发、美丽乡村建设投资方面加大力度，策划集吃喝玩乐为一体的金鹿城市综合体。

金鹿牌 JL 180系列拖拉机

在叶茂的主持下，在立足国内市场的同时，公司积极研制适应国际市场，特别是东南亚市场的车型。目前“金鹿牌”拖拉机已成功出口到马来西亚、印度尼西亚、越南、老挝、柬埔寨、缅甸、巴布亚新几内亚等国家。2008年，在叶茂亲自挂帅下，公司又成功开发了沼液灌车、带发电机拖拉机、移动风送式喷雾车、垃圾处理车等机型，仅沼液灌车2009年就新增产值5000多万元，风送式喷雾车已批量出口菲律宾等国家。

在全国农机行业不太景气的情况下，“金鹿牌”拖拉机一枝独秀，并迅速向省外扩张，现已在广东、贵州、云南、湖北、江西、四川等省设立了7个分厂，在印度尼西亚和马来西亚设立分公司，产品远销国内各省区

位于海口的金鹿装饰大世界

位于海口的金鹿古玩文化广场隆重开业

及东南亚国家。

关爱员工，不让一个人下岗

“企业发展关键看人，员工是最主要的力量，员工有工作，有房子，有股份，幸福指数高了，也会很关心企业，包括退休职工也会向企业建言献策。”企业虽然改制，但叶茂坚持做到不让一名职工下岗，率先缴交“五险一金”，使职工的权益得到保障。在企业发展的同时，他十分注重维护职工的合法权益。他深深地体会到，只有维护职工的合法利益，企业才有凝聚力和向心力，从而更好地促进企业的发展。公司在相继兼并了海口市5家国有经营困难企业后，人员多，负担重，如何安置好这些职工就业、生活、住房，保持稳定，是摆在公司面前的一项紧迫任务。叶茂正确处理好改革、发展和稳定的关系，把职工的利益放在心上，抓在手上，落实到行动上。几年来，通过发展商业物业、物业管理，解决了813人的再就业问题，吸收了120名职工子女和260名社会青年就业。在海南省的民营企业中，公司率先参加养老、工伤、医疗、失业与生育5项保险，职工参保率达100%，被兼并的5家老企业没有一名职工下岗。与此同时，公司把改善职工的居住条件当做建设和谐企业的重要工作来抓，金鹿公司宿舍区原是20世纪50年代至60年代建成的一排排瓦房，这里杂草丛生，污泥满地，像是一个破落的小山村。叶茂为职工谋福利，促使公司从1995年至今通过集资等方式共建成了20栋职工宿舍楼，还购买了一栋半拉子工程楼，多渠道改善职工的居住条件。职工安居乐业，这在改制企业中是难能可贵的，2007年公司被评为“全国双爱双评先进企业”。

2010年4月27日，全国劳动模范和先进工作者表彰大会在人民大会堂隆重举行，叶茂荣获“全国劳动模范”称号

此外，叶茂还十分关心职工子女的教育，建议公司工会每年开展“金秋助学”活动，凡是金鹿公司的职工子女考上大学的，公司工会根据高考成绩和录取的学校给予发放不等额的助学金，自1993年坚持至今已是第23个年头，累计资助职工子女300多人。

金鹿集团公司退休工人戴炯说：“叶董保证每个职工都不会失业，都有饭吃，我们5个单位，有1000多名退休职工，他对退休职工特别好，每年都组织旅游，发年货。他支持职工的小孩读书，重点的学校和一般的学校奖励不同，鼓励小孩好好读书。叶董特别有能力，特别关心员工，

2006年，金鹿集团公司与海南省“希望工程”基金会签约设立“金鹿农机助学基金”

思路很广，他很辛苦，可以说没有叶董，就没有金鹿的今天。”

回馈社会，大力支持农村教育

“企业是社会的企业，发展好了，应该回馈社会，我相信知识改变人生，我也是从农村出来的，我们帮助了几百个孩子，不管他今后的人生是怎样，至少我们让他有机会接受更好的教育。应该有更多的社会力量去关注农村教育，这样也能更好地改善农村环境。”

2015年12月，叶茂率领企业家为万宁市曲冲小学的学生捐赠校服和鞋子

金鹿集团公司自成立以来，一直秉承“饮水思源、热心公益、回报社会、乐于助人”的企业文化理念，坚持不懈地支持社会公益事业。2006年，金鹿集团公司与海南省“希望工程”基金会签订协议，设立永久性助学基金——金鹿农机助学基金，承诺每年捐款不少于20万元，资助海南省家庭困难的学生上大学。该基金已连续8年捐赠不少于170万元，资助贫困大学生400多名。2010年，金鹿集团公司与海南省“希望工程”基金会签约设立“希望工程金鹿助教基金”，向海南省青少年希望基会捐赠50万元助教基金，用于资助海口市第二十小学。2013年5月，金鹿集团公司与海南省慈善总会签订协议，设立“海南金鹿慈善基金”，每年捐款50万元，用于扶贫救灾、助学支教等慈善事业，分10年捐赠，项目完成时捐款不少于500万元。2013年8月，金鹿集团公司向海口市慈善总会捐赠20万元，用于资助2013年“贫寒学子成才工程”助学项目。此外，公司近几年还捐

助近300万元用于扶贫救济、赈灾救援，城市美化建设、资助学校教学楼建设，慰问困难职工、困难党员，奖励职工子女上大学等其他公益事业。

2015年6月，在叶茂牵头和积极推动下，经省教育厅批准，注册成立“海南省乡村教育发展促进会”，截止2015年9月，金鹿集团公司和员工个人向促进会专项捐款累计达35多万元，呼吁社会企业家及爱心人士捐款累计达80多万元，用于支持海南省乡村教育事业。

叶茂个人出资10万元，连续10年资助老家和乐镇初中、高中、大学的困难学生。“如果有需要的话，我也很愿意与和乐镇的农村创业青年交流，为他们提供建议。”叶茂坦言，金鹿希望做长效基金，在企业发展允许的情况下长期持续，通过长效带动更多的人参与慈善。所以金鹿每个慈善项目均以“5年”为最低年限，而对内的慈善资助至今仍在继续。

谈到对慈善的看法时，叶茂说：“有能力去帮助别人是快乐的事，不在于钱多钱少。我们也在设计一些轻松献爱心的活动，希望大家努力去做好这些事情，帮助乡村的小孩也是在带动乡村活力。”

夏治冰：享受幸福的『挖金』者

他曾是在汽车业搅动风云的“大咖”，他见证了中国汽车工业飞速发展的黄金10年。他曾是比亚迪销售神话的缔造者。他率领团队开创了新车巡回上市的先河，这一模式后来演变为业内经典，许多品牌都曾经效仿。他就是比亚迪汽车原销售老总，现挖金科技有限公司的创始人——夏治冰。

生于1974年的夏治冰拥有“中国式成功”的一切要素——名牌大学毕业，进入一家高速成长的企业，之后成为这个版块的掌舵人，并成为行业的标杆式人物之一。作为海南万宁人的他，也是家乡人民的骄傲。

比亚迪的辉煌

1998年，夏治冰毕业后直接进入比亚迪，正值王传福1995年创办比亚迪的第三年，北大毕业的他，浑身环绕着中国最好大学毕业的光芒，意气风发，有着大干一番事业的抱负。

加入比亚迪后，夏治冰创造了一个又一个神话。在国内车市步入微增长时期的2008年，只有3家乘用车企业完成了年初制定的销售目标，其中比亚迪是唯一的自主品牌，也是国内汽车厂家中唯一销量翻番的企业。同年9月底，股神巴菲特宣布以每股8元港币的价格认购2.25亿股比亚迪股份。2009年，比亚迪 F3销量达到29万辆。夏治冰还开创了国内新车巡回上市的经典模式。

夏治冰的市场战略让整个比亚迪一切以市场为指挥棒，尽管夏治冰真正掌控的只是销售公司的一隅，对于生产、研发、财务，他无需考虑，也

2014年6月，夏治冰在西藏念青唐古拉山启孜峰

插不上手，但在销量上，规模似乎是比亚迪那些年唯一的主题，其他部门都得跟着他走。

夏治冰的确不负众望，用短短几年的时间，打造了比亚迪庞大的经销商网络。比亚迪 F3在2009年、2010年均夺得单一车型销售冠军。2009年，比亚迪还凭借162%的增长率，成为增长最快的车企，跻身车企销量第8名。

自1998年加入比亚迪，夏治冰见证了中国汽车工业飞速发展的黄金10年。在比亚迪任职期间，夏治冰率领团队开创了新车巡回上市的先河，这一模式后来演变为业内经典，许多品牌车都曾经效仿。

2014年6月，夏治冰攀登西藏念青唐古拉山启孜峰

夏治冰在万宁东山岭

从1998年到2011年，夏治冰在比亚迪一待就是13年，从当初默默无名到随后名扬江湖，夏治冰经历着自己的独特江湖人生。

那些年的青春岁月

虽然带领比亚迪创造过一个又一个的商业神话，但对夏治冰而言，“最光辉和荣耀的岁月”却留在了他的母校——海南省万宁中学。

“之前成绩比较拔尖的我，到了这里，竟成了落后的一批。”处于青春期的夏治冰在备受打击的情况下，开始有了自暴自弃的想法。直到高三那年，他的一篇作文获得了学校作文比赛三等奖。

“准确地说是三等奖的最末一名，可那却是我平生中的第一张奖状。”说到这里，他颇有些得意，“如果不是这张奖状，我大概会一直觉得自己是一个没有闪光点的人，那就没有现在的我了。”

1994年，夏治冰从万宁中学毕业，考上了北京大学。

夏治冰坦言，在多年的工作中，他曾一度经历低潮，也曾几次达到人生的“小高潮”。低潮时，是那张至今还完好地保留在老家的旧奖状告诉他——其实你没有那么差；高潮时，是那张旧奖状提醒他——你也只是一个普通人。

“你存在我深深的脑海里……”夏治冰哼起了流行歌曲，笑言这是他对那张旧奖状的表白，而记者听到的却是他对母校的眷恋、怀念。

中年创业的“老玩童”

2011年8月，夏治冰辞去了在比亚迪的一切职务。2012年，夏治冰在众泰汽车短暂停留后，这位曾经的营销精英逐渐淡出了汽车圈。

休息较长一段时间之后，夏治冰觉得是时候该找点事做了。在选择创业方向时，夏治冰一度迷茫，喝了几个月的酒之后，他大概也给自己算了一卦，觉得在自己的老本行上能够挖到金。

2014年，夏治冰和他的朋友，当然更多的是曾共事过的同事（比如比亚迪的张传金），成立了挖金科技有限公司（以下简称“挖金”）。

“挖金”是挖谁的金？夏治冰给出的答案是：挖经销商的金。

简单说来，“挖金”就是一家卖管理软件的公司，类似财务软件之金蝶等专业性的软件公司，所不同的是，“挖金”聚焦于汽车行业，聚焦于经销商的管理上——用相对规范和系统的体系来管理汽车销售流程，提升汽车经销商的销量。它的盈利模式也很简单：软件使用年费+单台车辆售卖提成。

2014年，产品正式推出时，每套软件售价5万元。同年年底，卖出去了100多套。夏治冰说：“2015年全年，‘挖金’大概售出900套左右。”

按此计算，2015年，“挖金”销售软件的收入约为4500万元，“初步实现了月度的收支平衡，但整体上未盈利。”夏治冰说。

夏治冰预测，2016年，销售能够翻番。这样一来，销售额便可到亿。

可以说成长一年多的“挖金”活下来了，幸运地避开了一长串的创业死亡名单。跟很多的创业公司不同的是，夏治冰一直没有采用风险投资，都是用“自有资金”创业。

对于暂时不采用风险投资，夏治冰的想法是：风险投资附带严苛的条件，看盈利、看数据，这些会让他陷入只关注结果，而非过程。

这样一来便背离了创业初衷，夏治冰说：“要享受创业的过程，一步一个脚印，追求稳健、持续发展。”

对夏治冰来讲，也没有什么行业第一的目标。“就像爬山，你从来没有见过爬山比赛谁拿冠军，其实是跟自己在比，在这个过程中，你怎么让自己的呼吸更均匀，用力的分布更久、更持续。”

也许在褪去了所有过往的光环之后，夏治冰只是一个幸福的创业者。

03 爱洒沃土 梦想花开

胡信连：根雕大江湖，一刀扬美名

一次偶然的机遇，使胡信连走上了根雕之路；一次珍贵的扶助，使他的作品走出了山乡。成名以后，他不忘回报社会，收徒传艺，带动家乡南桥镇发展根雕产业。在当地，他是无人不知、无人不晓的“胡一刀”。

在万宁市南桥镇，说起胡信连，可以说是无人不知、无人不晓。走进他的家，无论是客厅、卧室，还是杂物间，随处可见他的根雕大作：张牙舞爪的龙、展翅飞翔的鹰、憨态可掬的熊、灵活攀援的猴…… 神态各异，个性十足。今年54岁的胡信连有一手雕刻的绝活，并毫不吝啬地把自己的创作技术、加工经验传授给前来请教的人。2010年，胡信连创作的根雕作品《浪涛》获得海南省“第三届根雕艺术精品展”金奖、“第十届中国民间文艺山花奖”金奖。从此，胡信连更是名扬四方，附近的村民送给他一个绰号：“胡一刀”。

从“耍刀”到艺术

出生在南桥镇黎族村庄坡量村的胡信连，从小就表现出爱刀耍刀的倾向，别的孩子玩游戏，他却喜欢家里的菜刀。上小学时，胡信连一放学就跑到河边捡拾奇形怪状的小木棍，星期天不帮家人放牛，而是待在家里用菜刀劈刻小木棍。上了中学，胡信连已不满足于捡拾小木棍了，木头、树根才能入得了他的法眼。因为家里穷，他只好光着脚，蹚过小溪，即使脚掌被扎伤，也浑然不觉。正是凭着这种“痴”，历经两个多月，胡信连雕

胡信连在造型独特的根雕茶台边品茶

刻出了人生中的第一件作品——阴沉木《龙凤呈祥》。

胡信连在上中学时特别喜欢美术，见到美术书如见珍宝，沉迷其中，爱不释手。初中毕业后，家庭贫困的他由于没钱继续读书，只好回家务农，但他对美术的爱好依然不减，于是他拜师学艺，持有老观念的父亲很不支持，见到他在木头桩上弄来弄去，就批评他“不务正业”。学艺后，胡信连从师傅那儿了解到这些雕刻成型的树根作品价格不菲，更坚定了自己的选择，开始专门从事根艺创作，并创办了南桥首家根艺坊。

1982年的一天，胡信连从山上回家时，因光脚蹚过小溪时被水下的一个木材扎到。为了避免村民再次被扎，他拼力将那块木材搬上了岸。当

造型各异的根雕作品

胡信连仔细看那块木材时，发现在水底不知浸泡了多少年的木材上竟然有龙、凤、猴等多种动物的形状。他花了3个多小时将这块坡垒木材搬回家，拿出菜刀，小心翼翼地慢慢雕刻。两个多月后，出现在胡信连面前的是一个有龙、凤、猴等图形的小茶几。村民们听说胡信连有一个刻着龙、凤、猴的木质茶几后，纷纷前往观看，赞赏不已。附近村庄里一位陈姓村民听说后也特意去观看，并出价100元向胡信连买走了这个茶几。

这件作品就是胡信连的处女作——阴沉木《龙凤呈祥》。在博得村民的赞赏后，胡信连爱上了根雕，从此他一有空就到附近山涧里寻找溪水里的树根，并搬回家仔细观察每块木材，然后根据其形制作茶几或观

造型各异的根雕作品

赏品等。

走出山村天地宽

由于坡量村是一个偏僻的山村，在1982年至2004年的20余年间，胡信连虽然制作出多个根雕作品，但因信息不灵通，他雕刻出来的作品都是便宜地卖给周边的村民当家具，根雕艺术制作无法发展壮大。

2004年5月份的一天，南桥镇分管教育的副镇长吴文霞到南桥村委会走访时，在村民家里见到一个雕刻有龙、凤等吉祥物的茶几，吴文霞当时

胡信连正在进行根雕创作

就被这个奇特的茶几吸引住了，便问茶几的来源，村民告诉吴文霞，是胡信连制作出来的。后来，吴文霞在胡信连破旧的家中看到很多根雕作品，尽管还没有制作完成，但她还是被深深地吸引了。

吴文霞问胡信连为什么这些根雕没有制成和对外销售，胡信连说，因家庭贫穷，他没能购买制作根雕的工具，也没有打造树根的浸泡池，这些作品是他用菜刀和尖刀雕刻的。在得知胡信连需要约6000元投资后，吴文霞当场拍板帮他筹集资金购买工具，并建造浸泡池。

这场“及时雨”使胡信连走出了“小打小闹”的状态。在吴文霞的帮助

沉香湾水库边的热带雨林

下，胡信连第一个制作出来的作品是坡垒木的“飞龙吐珠”茶几。吴文霞为了帮他将作品卖个好价钱，委托朋友拍照后发到网络上，上海的一位商人看到后，特意赶到万宁以1.8万元买走了该作品。

名气渐长的胡信连，作品的卖价也是水涨船高。几年前，他的《凤凰》乌木根艺品被外地商人看中，卖了8万多元。胡信连说起这桩买卖，笑得十分得意。他说，当年家境贫困，请人做活，一天6元的工酬都给不起，只能靠自己的一双手干。后来，经过一年又一年摸索，找关系，摸行情，跑市场，经验多了，技术有了，成品精了，不怕卖不出去，一年下来挣上

根雕作品《雨林根魂》

几千元、几万元，根雕事业终于有成。

收徒传艺兴产业

收入高了，日子好了，胡信连的创作灵感如泉涌，创作的根雕艺术品《浪涛》获得海南省“第三届根雕艺术精品展”金奖、“第十届中国民间文艺山花奖”金奖;《扭转乾坤》、《生命之源》坡垒根雕作品分别获得第二届海南省艺术节·“追寻中国梦——第四届海南省根雕艺术作品展”银奖和铜奖。

根雕作品《西天取经》

根雕作品

成名后的胡信连毫无保留地把自己的创作技术、加工经验传授给前来请教的人。在2007年之前，同是南桥镇的胡换春只是一名传统木匠，得知胡信连的传奇经历后，胡换春决定要学成这门手艺，于是他成了胡信连的一名徒弟。3年后，胡换春学成出师，在南桥镇开了自己的根雕艺术厂，成为当地又一位有名的根雕艺术家。在胡信连的众多徒弟中，也包括陵水的陈龙，如今他在陵水、三亚、保亭、五指山都很有名气。

胡信连认为，根雕既是艺术，也是产业。海南的花梨木、坡垒、檀香等树种是制作根雕的珍宝，但自古以来海南人几乎都将这些树种用于烧火和制作家具。自胡信连摸索出根雕技艺后，南桥镇掀起了根雕艺术之风。发家后的胡信连资助村民改造危房，建设村道。2012年11月，他成立了南桥镇根雕艺术合作社，全力把根雕打造成地方特色产业，带动当地经济发展。在胡信连的带领下，南桥镇的根雕艺术品生产已发展到30多家，年产值近5000万元，解决了近千人的就业问题，产品远销北京、上海、广州、深圳、香港及东南亚地区。

由于在根雕上取得的突出成就，胡信连被选为海南省根雕艺术协会常务理事、万宁市根雕艺术协会副会长、万宁市乡土文化协会副会长。如今，胡信连正琢磨着把根雕艺术做大。他说："我自己的近期目标是争取在全国根雕艺术博览会上再次获奖。"对于将来，他在心中早已有了一番打算：把根雕艺术与本地文化结合起来，在南桥镇做一个展馆，吸引外地人到这里旅游、参观。他满怀憧憬地说："'南桥根雕之乡'这块牌子一定能够打响！"

李才武：『足球之乡』的拓荒人

提起万宁足球，不得不提李才武。在他的带领下，长丰镇发展成为万宁市的“足球之乡”。而在海南足球发展的功劳簿上一定也少不了他的名字，身为教练，他带出了20多位省级和国家级的球员。他的家庭是万宁有名的“足球世家”。

长丰镇是万宁市的“足球之乡”，李才武是长丰足球的拓荒人，海南足球发展的功劳簿上一定少不了他的名字。他不仅带动长丰足球的发展，而且还带出20多位省级和国家级的球员。他把自己对足球的一腔热情和执着传扬下来，一家三代均喜欢足球运动，踢足球、教足球，是当地有名的“足球世家”。

拓荒长丰足球，打造“足球之乡”

现年76岁的李才武，1963年从广州体育学院毕业后，放弃留在广州工作的机会，主动申请回到家乡——长丰镇长丰小学当一名体育老师。李才武回到家乡后，发现自己在所学的体操专业上难于发挥作用，在学校打下足球基础的李才武便决定创造条件教孩子们踢足球。没有足球场，便将长丰小学西侧一块凹凸不平的空地平整成一个足球场。李才武的爱人没有工作，家境不宽裕，但他依然说服爱人，征得她的同意，将自己每个月的工资都用于给学生购买营养品、球鞋、运动服等，然后靠和爱人一起养猪、种植胡椒等，支撑家庭生活。

李才武在训练上要求非常严格，每天都要求学生晨练体能，下午就练运球、颠球、传球、接球、射门、反弹球，还专门要求学生用身体各部位进行传球、接球，非常全面、系统。特别是接球和射门，他要求每个学生都要一气呵成。他的学生说：“李老师在球场上的严厉，连村民们都知道。”

1964年，广东省在湛江市举办全省中小学生足球赛，因当时海南只有长丰小学有足球场和足球队，于是海南行政区派李才武带领长丰小学足球队代表海南行政区中小学生足球队参加比赛。令李才武意想不到的是，他带去的10多名学生中，只有7名学生没有超龄，这意味着只有7名学生能参加比赛。在这样不利的条件下，李才武坚持给学生们鼓气，部署了特别的战术要求。结果，海南中小学生足球队获得了1964年广东省中小学生足球赛第二名。

喜讯传来，长丰镇的群众振奋不已，李才武带队回到长丰镇后，很多家长找到李才武，请他教自己的孩子练足球。在李才武的带动下，长丰镇形成了浓浓的足球氛围，村民们喜欢踢足球、看足球、谈足球，“足球之乡”逐渐形成。自从1975年获得在文昌举办的海南行政区中小学生足球赛第一名后，长丰小学足球队连续6年获得冠军，打破了海南历史纪录。也正是从1975年开始，万宁市体育部门将足球在长丰学区进行全面推广，并在每年“元旦”、“六一”举办两次足球赛，整个长丰学区的足球发展进入了鼎盛时期。

与此同时，长丰还为省里和国家输送了大批足球人才。1975年至1992年间，李才武培养的吴崇文、李景、许书忠、林文、符之青、叶亚六、林斯谋、许安芳等20多人先后成为国家青奥队和省队的队员。

一家三代皆为“足球痴”

李才武不仅把长丰镇带成“足球之乡”，也把自己的家庭发展成“足

2015年万宁市“长丰军坡杯”足球邀请赛比赛现场

球世家”。他的儿子李春、李景、李开明及孙子李天龙、李天宇、李天宝也都喜欢踢球，有的还子承父志，从事了足球事业。

李才武的大儿子李春1978年就读长安中学（长丰中学前身）时，曾被选拔代表万宁市中学生足球队参加海南区中学生足球赛，1981年代表万宁足球队参加海南行政区全民运动会。1987年，李春大学毕业后，与父亲李才武一样，申请回家乡万宁市长丰镇长丰小学当体育老师，子承父志。1988年，李春带领长丰小学足球队参加第一届“海南省可口可乐杯”中小学生足球赛，获得了第一名。随后，又多次带领长丰小学足球队参加省内外足球比赛并获得佳绩。1993年，工作成绩优异的李春被选调到万宁市中学当足球教练，成为万宁市唯一一位足球专业教练。

李才武的二儿子李景成就更为突出。李景4岁开始练足球，由于天赋高、球感好、速度快，10岁时被选拔到海南业余体校足球队，12岁时被选拔到广东省少年足球队，15岁时被选拔到国家少年队，并代表国少队参加泰国“公主杯”比赛，司职边前卫。李景从国少队退役后，考入广州体育学院。1990年大学毕业后回到海南，在海南省高级体育学校当教练，如今已是桃李满天下。

受家庭及两位哥哥的熏陶，李开明小小年纪就偷学足球。中学毕业后，他考入了海南省高级体育学校，毕业后分配到万宁市东澳镇委工作。李开明虽然不像两位哥哥那样当职业足球教练，但一有机会就会教其他小孩踢足球，被当地群众誉为“编外教练”。

在这一家中，足球天赋持续遗传。李才武的3个孙子李天龙、李天宇、李天宝继承了祖辈、父辈对足球的热忱，也走上了绿茵场，成为足球先锋。

“80后”的李天龙从小学习成绩不错，虽然爷爷李才武和父亲李春极力培养他的学习兴趣，但自小受家庭氛围的影响，李天龙在小学时就偷偷学练足球，每次爷爷和父亲在教学生练足球时，小天龙就在一旁静静地观看，悄悄记住踢足球的基础要领。2005年和2006年，在海南中学读高中的李天龙作为海中足球队队员参加海南中学生足球赛，与队友一起连续两年获得了第一名。2007年，李天龙考上暨南大学后，被选为暨南大学足球队队长。大学毕业后，李天龙到广东消防部队工作，也因球技了得，成为所在消防部队足球队队长。

“90后”的李天宇足球天赋更高，在爷爷和父亲从小的精心培养下，15岁时就代表中国少年队参加世界少年足球赛。现在已上大学的李天宇是学校足球队队长。

如今还是少年的李天宝多次参加青少年足球赛并获奖。2013年8月，初中毕业的李天宝被海南中学足球队选拔入学。

郑文泰：守护24年，绿色生命终绽放

24年不舍不弃，从一开始的生意人到现在的“护绿”人，华侨企业家郑文泰不惜变卖家产，出资圈下荒地，投身于恢复土地生态的绿色梦想。他用血汗浇灌出1.2万亩低海拔的热带植被——兴隆热带花园，在这片曾经的“西伯利亚”荒地上浇灌出了生命力旺盛的绿。郑文泰对荒地植被的恢复，对海南特有物种和濒危植物的保护，不仅仅是圆自己的“护绿”梦，更是为故土、为祖国、为以后的生态圆了“绿色”梦。愿我们每个人都能守护自己脚下的那片“绿”，守护我们生存的环境，与自然更和谐地相处。

海南省万宁市兴隆热带花园，无数的植物在这里疯长，它们爱把自己的根扎向泥土，就扎向泥土；它们爱把自己长成扇形，就长成扇形；它们爱把自己开成黄花，就开成黄花；它们爱长多高，就长多高。风也来，雨也来，鸟也来。人退场，这是动植物的天堂。天何言哉，四时行焉。地何言哉，万物生焉。天地有大美而不言。70多岁的郑文泰爱看它们，爱看它们按照自己的本性生活，他不允许有人打扰它们。

一场大病改变人生：放弃所有生意　投身环保

出生于印度尼西亚的郑文泰，15岁回到祖国。他记得启蒙教育的“第一课”是：一个人能力有大小，但一点一滴、一砖一瓦地做，汇聚起来，就是庞大的力量。1964年，19岁的郑文泰被下放到兴隆华侨农场，在艰难的环境下，磨练了他这位富家子弟的意志。郑文泰能常年在庄稼地里重复枯燥的劳作，在盼不到收成的日子里耐心地等待。秉性坚韧，且能忍受孤独，这为他后来从事生态保护打牢了基础。

“不可能今天种树，明天就是森林花园。”郑文泰十几岁时的感悟，支撑了后半生要去完成400年才能完成的热带雨林生态恢复。他曾在农场当

过办事员、宣传员，半工半读完成了华侨大学植物分类细胞学的课程，在兴隆生活的7年，郑文泰褪去了曾拿青春赌明天的叛逆，沉淀了扎实的性情，并从此与兴隆结下了不解之缘。

1972年，郑文泰进入香港大学建筑系学习。3年后，转入台湾文化学院建筑系。此后，郑文泰开始在建筑设计、酒店经营管理行业发展。1984年，郑文泰重回海南，从事酒店业。随着生意越做越大，郑文泰的足迹也开始遍布世界各地，见识了一个又一个的绿色国度，与国内很多地方正以毁坏生态环境为代价的推进式发展相对比，对郑文泰产生了很大的冲击，他对其他国家重视生态环境保护的做法感到震惊。他开始意识到如果现在不去保护生态，那一个个珍贵的物种将彻底消失于这个世界。

1992年，一场大病彻底改变了郑文泰的人生轨迹。那次连续6天的胃部大出血，一度昏迷两天，甚至让他生命垂危。大难不死的郑文泰也对人生有了新的思考："我突然觉得要重新去思考人生的存在价值，在剩下的生命里，我要做什么？能做些什么？怎么去做得更好？我觉得干脆就去做自己最想做的事——生态！"当年，生意做得顺风顺水并积累起巨大财富的郑文泰做出了一个惊人的决定——放弃自己的所有生意，投身环保事业。

一个决定近乎疯狂：变卖亿元家产"圈"荒地　修建热带花园

1992年，47岁的郑文泰毅然变卖了自己在香港、广东、新加坡等地的房产、酒店，出资1亿元在兴隆"圈下"了一片当时被称作"西伯利亚"的荒地——20世纪50年代以来的不断破坏，使这里4平方公里的土地成为

景色怡人的兴隆热带花园

当时被弃荒的区域。在人生的中年为自己立下了一个生态之梦，为践行这个梦想，他付出了自己的后半生。

在当时海南地产大热、游资涌入投机的年代，和其他企业家不同，郑文泰“圈地”不是为了发展房地产，而是出于一个在世人看来近乎疯狂的决定——要将这片土地原有的热带雨林恢复起来，在当时很多人都认为他的脑子“出了毛病”。

郑文泰集结了20多人的精英团队进入了荒地，在今天热带花园海南村西侧找到了一口井，搭起了苗圃棚子，培育、恢复濒临灭绝的树种。

同一年，郑文泰扛着锄头，在热带花园相思湖畔开始补种树苗，做起

兴隆热带花园 —— 花的海洋，人间仙境

了第一批生态群落和片区的修复工作。

郑文泰手拿 GPS 定位仪，自己规划，自己测算，找人开荒，修建了一条条羊肠小道。他自己翻地，自己补种，找来种苗，让它们开心地繁殖。终于，“绿”从地缝中钻了出来。

“本地有的，我让它们不会消失；快没的，我从外面引进。”“要考虑动物的栖息条件，鸟类的生活空间，它们存活的关系。”郑文泰说。

保护和恢复，这活儿做得的确出色，有一长串的数据可以证明，琼岛一半以上的原生物种可以在这里找到。郑文泰满意地说：“绿色的基础打下了。”他很感谢政府把他的园子保护了起来。

以前人们总是说，这老头只顾自己的园子，脱离世俗。现在他要把绿往外延伸一点，让自己变得世俗一点。他讲起了经济价值，他在帮助两个村庄建设文明生态村。

郑文泰爬遍了周围的山岭，为了寻找海南的稀有物种苏铁样本，郑文泰曾从山坡上狠狠地摔下来，滑落到山沟里，不省人事。当他被工人救醒时，第一句话竟喊出："我找到苏铁了！"

"每次台风暴雨吹倒苗木，他都心疼得不得了，快60岁时还自己拿着铲子扶苗、翻地、补种。2005年，一场'达维'台风，他花了3年才恢复完好。"助手黎良金说。

"再往后，让老人心碎的事就更多了。他眼看着就在与热带花园相邻的土地，地产商涌进来，大卡车5分钟一趟，拉着被砍掉的一车车树木，足足运了两个多月。"

郑文泰是这里的老板，但你绝对找不着他，他从不坐在办公室里，他的办公地是大自然。

为了恢复原始状态的热带雨林，郑文泰出资邀请了国内外一批专家，其中有美国自然博物馆的科学家、泰国皇家绿化顾问、中国城建学院园林系教授、中科院广东植物研究所学者等业界精英。他们普查了热带北缘多个区域的地质、水文、森林植被、物种资源及热带雨林的生态结构，从自然界里找样本、找蓝本。经过郑文泰的努力，许多濒临灭绝的植物在这里得到迁地保护、繁殖，并形成了群落，良性循环的生态环境逐渐恢复。

物种多样性的保护必须要有大的空间，物种才能在此生存，而这需要巨额投资，曾有老板来找过郑文泰。"割出一小块，换回一大笔，何乐而不为？你恢复生态也需要更多钱呐！"员工黄静回忆道。从那时起，郑

文泰开始闭门谢客，实在气急了，就反击道："你还够不到值得让我考察一次！"

郑文泰坚定地守望着这片生态热土，抵抗着市场大潮的一切诱惑。入不敷出时，他为了维系自己的绿色梦想，就去帮人搞规划设计，一次又一次地变卖自己的家产，赚了钱再贴给他的热带花园。

数十年风雨过后，郑文泰所要圆的梦其实早已与金钱无关。

一个梦想用血汗浇灌：24年守护　浇灌出1.2万亩生命力旺盛的绿

凭着24年的守护，24年的血汗，郑文泰在万宁兴隆浇灌出了一片1.2万亩低海拔的热带植被——兴隆热带花园，在这片曾经的"西伯利亚"浇灌出了生命力旺盛的绿。

如今，兴隆热带花园以保护本地生物多样性为目的，以各类植物为载体，不断完善该区域的生态结构，形成了良性循环的生态环境，成为我国一块实验"绿色崛起"的示范园区。现在，在郑文泰的热带花园里，物种已达3400多种，50余万株，珍稀濒危植物70多种，从国外引进栽培的珍稀濒危植物8种，列入《中国植物红皮书》的27种，大批面临灭绝命运的植物得到迁地保护、繁殖并形成了群落，使这里成为一座融自然、人文、农艺、园林和生态环境保护为一体，集观光旅游、休闲度假、科普教育等多种功能为一身，最具有热带雨林原生态景观的现代园林，被国家确认为四大环境生态示范教育基地之一和物种基因库，并由国家向联合国推荐为"全球环境500佳"，成为"热带雨林恢复"国家级引智推广基地、科教兴国示范基地、侨爱工程项目、海南省生物多样性保护基地、海南国际旅游

花园中繁茂的热带植物

岛建设与发展特色旅游十大楷模基地及青少年环境知识教育基地。

几十年来，郑文泰得到过多少中外专家、华裔同行的无偿支持，都记不太清了，桌上还放着美籍华裔专家蔡希灼博士送来的资料，他知道有病害可能危及到园里的植物，特地紧急告知……热带花园成了一个载体，载着华侨们共同的事业，已不允许郑文泰有任何的退却。

“我总被问到为何抛弃亿万家财做生态，其实有多少漂泊在外的华侨都曾抛弃过财产，为祖国、为故土奉献了全部，又岂止我一个？”这或许是每个怀有中国梦的华侨内心奔涌的诉说。

兴隆热带花园中自由疯长的植被

现在，郑文泰唯一的儿子从事纳米研究，走上了与父亲不同的报国之路，并没有承接郑文泰的衣钵。百年之后由谁来继承他的事业？对于这个担心，郑文泰却看得很淡然。在他心里，只要是热爱这片绿地、热爱生态事业的人，就是自己的继承人。“只要爱这里的人，就是我的继承人，不一定要有血缘关系。现在，我反倒比过去任何时候都放松。”有了政府强有力的支撑，郑文泰有理由相信，他付出后半生守护的绿地永远不会消逝。

郑文泰把梦想的种子播撒在故乡那片荒芜的热土上，种下的是汗水，而生长的却是一片森林。亿万家财化作了亿万粒种子，沸腾的热血化作了一座梦幻的花园。千金散尽不复来，绿满人间处处春。

（本文根据《中国好人榜——郑文泰》、《二十多年播种绿色梦想——印尼归侨郑文泰》、《郑文泰：花王和他的国》等稿件综合而成，感谢海南文明网提供素材。）

刘爱勤：爱投植物园，勤劳结硕果

刘爱勤从小在兴隆热带植物园长大，随后又把毕生精力奉献给这个特殊的园子。她带领植物园的同事在科研上取得诸多成绩，并把一系列科研成果转化成产品，同时通过推进旅游，使植物园实现了科学、社会和经济效益并举发展。正是有了一群像刘爱勤这样甘为奉献的人，兴隆热带植物园才有了今日的“兴隆”。

兴隆热带植物园是值得万宁人自豪的地方，这个特殊的园区既肩负起了保存热带物种和开展科研的职责，又成为万宁旅游的一大窗口。多年来，植物园取得了一系列优秀的科研及转化成果，在旅游方面迄今已接待1800多万人次，实现了科学、社会和经济效益并举发展。而这背后不得不提及的一个人就是刘爱勤，她生于斯，长于斯，更是把半生心血奉献于斯。正是有了一群像刘爱勤这样甘为奉献的人，兴隆热带植物园才有了今日的“兴隆”。

兴隆热带植物园是中国热带农业科学院香料饮料研究所进行科普示范的窗口和下属企业，是个不折不扣的植物大观园，现已收集、保存了2300多种热带植物种质，成为我国热带地区十分重要的热带作物科研、科普示范基地和物种基因库。

刘爱勤在植物园出生、长大，后来又到外面读书，工作几年后又回到园子里。植物园是她情感的出发点，也是归宿。回到园子里后，刘爱勤最初是一名普通的协助性的导游员，随后担任导游部、旅游中心负责人，后来又负责整个植物园的日常运营，直到今天，整个植物园的销售业还是由她主管。

如今刘爱勤在植物园有三个身份，一是植物园病虫害风控研究室负责

兴隆热带植物园

人、热任植保专家，二是成果转化处处长，三是植物园的管理者。作为植保专家，她的任务是从事海南热带作物植保方面的研究，对胡椒、咖啡等相关病虫害防疫工作予以指导。在病虫害风控研究室，刘爱勤有口皆碑。研究室团队以年轻人为主，刘爱勤来了以后，无论在工作上，还是生活上，都给整个团队带来相当大的帮助，特别是在对胡椒、咖啡、可可等病虫害防控上的指导，起到了重大的促进作用。在她的带领下，研究室取得了包括“海南科技进步奖”三等奖在内的许多成绩。

作为优秀的科研工作者，除本职工作外，刘爱勤喜爱脚踏大地，为海南的农业生产贡献自己的力量。她经常带领植物园相关研究所的人员到各

园中的各种植物

个市开展培训指导工作。一有空，她喜欢到生产一线，对农户进行病虫害防治方面的指导。特别是每年的科技服务月，经常整个团队都下去；农户有需求，也可以打电话联系研究室，由研究室进行跟踪服务。

成果转化处成立于2008年，作为处长的刘爱勤，责任更为重大，要通过规范科技成果转化活动，加速科学技术进步，带领科研团队积极促进科技成果转化为现实生产力，走出一条依托农业科技成果转化，面向市场、壮大自身、服务社会的创新之路，实现社会效益与经济效益并举的发展道路。

刘爱勤没有辜负重托，在她的带领下，成果转化处的研究员们共同奋

植物园里种植的香蕉

刘爱勤向农户们推广种植技术

战在生产一线，多年艰辛结成斐然成果。该处会同香饮所科技处研究和探索出“科研院所＋农户”、“科研院所＋公司＋农户”等模式，向热区推广应用热带香料饮料作物种植与加工技术，已建立生产技术指导点、示范基地30多个，成果转化率达90％以上，获农业部科技成果转化一等奖4次、二等奖1次，起到了良好的示范、辐射与带动作用。组织开发的香草兰、胡椒、咖啡、可可、苦丁茶、糯米香茶等十大系列120多种具有热带特色和地方特色的“兴科”牌科技产品，荣获“第十二届中国国际高新技术成果交易会优秀产品奖”、“海南省消费者协会可信商品”等荣誉称号，2005、2006年度海南省名牌产品荣誉称号，“兴科”商标2010年被认定为

胡椒

可可园

咖啡花

挂满枝头的咖啡豆

海南省著名商标。

为了让农民分享科技带来的成果，成果转化处会同香饮所相关处室定期开展科技下乡和服务“三农”活动，把科研技术和成果无偿提供给热区农民，累计开展科技下乡、咨询活动130多场次，举办培训班73期，累计培训农户及技术骨干7000多人次，免费发放技术资料6万余份，赠送种苗9万多株，仅香饮所推广培育的香草兰种植及产品加工这一新产业，每年给海南农民带来上亿元的收入。

作为植物园的管理者，刘爱勤依托热作植物资源，大力推进发展农业

植物园研发的兴隆咖啡产品

旅游。为了大力发展休闲农业和乡村旅游产业，植物园累计投入1亿多元进行基础设施建设与改造，做到“文明旅游，诚信经营，明码标价，货真价实”，自觉维护广大旅游消费者的合法权益。迄今植物园累计接待国内外游客1800多万人次，累计向地方上缴纳各种税收6000多万元。为地方提供直接就业岗位500多个，间接提供劳动就业岗位3000多个，获得30多项荣誉称号，促进了地区产业结构调整和经济发展，打造了海南独具特色的热带农业观光、科普和休闲旅游品牌。热带植物园副总经理韩伟国总结说：“园区整个旅游业务如今的兴旺局面，主要是依托刘爱勤多年工作

游客们在植物园里亲手制作巧克力

的积累。”

闲暇时分，刘爱勤喜欢和在香饮所工作的爱人谭乐和一起在园区里散步，这里是景区，更是她美丽的家，这里倾注了她的青春、热情和爱。她的爱人说：“刘爱勤一直把植物园的工作当成毕生的事业来看待。”

而在很多人眼中，这位把自己的智慧和精力都奉献于植物园的专家更像是园子中一棵坚韧、热情、向阳而生的热带植物。正是由于像她这样的人的存在，兴隆热带植物园才持续散发出迷人的魅力。

陈鹏：为了兴隆咖啡的话语权

陈鹏是中国热科院香饮所的种植栽培技术员。为了使兴隆咖啡拥有更多的话语权，他自费考取咖啡行业双Q证，成为海南第一人。他亲自收豆加工，只为把兴隆咖啡做成精品咖啡。他在兴隆开办了第一家咖啡工作室，并推动有关咖啡的培训和比赛在万宁落地。在推广兴隆咖啡的路上，他永不止步。

每天早晨7点多，陈鹏在家里喝过自己亲手研磨冲泡的兴隆咖啡，就会步行10分钟来到兴隆热带植物园咖啡种植基地，用心检查并指导工人修剪咖啡植株的枝叶或是处理虫害，让这片咖啡园地生机盎然，健康生长。

陈鹏是中国热科院香饮所的种植栽培技术员，对于享誉海内外的兴隆咖啡，他有无尽的热爱，甚至可以说达到了十分狂热的程度。对咖啡，从种植到加工，他都进行了深入的研究，发现咖啡是一个很系统、很科学的事，而这份工作恰恰给了他接触、学习精品咖啡的机会。

正是缘于对精品咖啡的追求，2015年7月，陈鹏自费数万元到云南普洱考取美国精品咖啡协会颁发的罗布斯塔（Q Robusta Grader）和阿拉比卡 (Q Arabica Grader) 咖啡品质鉴定师证书，其中罗布斯塔的Q证是海南第一张，他也因此成为拥有咖啡双Q证的海南第一人。

陈鹏的举动颇有深意，如何在咖啡产业高度市场化的今天发展壮大兴隆咖啡，他在用实际行动回应这个问题。他说："双Q证是对咖啡生豆品鉴非常科学客观的系统，能更好地让人对生豆乃至咖啡有全面的认识，帮助我对海南咖啡，尤其是对罗布斯塔品种的兴隆咖啡市场有一个客观的认识和评价。"

陈鹏正在讲解如何修剪咖啡植株的枝叶

有了双Q证，兴隆咖啡就有了更多的话语权，陈鹏在下乡对咖啡种植农户进行指导时也更能令人信服。借助双Q证带来的认知，他能对农户讲清楚兴隆咖啡怎么种植、制作才能产出好的咖啡，帮助农户卖出好价钱，引导他们乐意种咖啡，种好咖啡，有好的收成，使整个兴隆咖啡产业良性循环，这是他学证的最终目的。万宁市咖啡协会秘书长吴春光评价说："陈鹏的行为对整个兴隆咖啡产业起到了良好的引导作用。"

与时同时，陈鹏还亲自花钱去收豆，自己进行加工，准备把兴隆咖啡做出一款有独特风味的产品。2015年2月，为了更好地与热爱咖啡的各界

陈鹏热衷于咖啡的研究

朋友进行交流和学习，他装修了自己的房子，在兴隆开办了第一家咖啡工作室——阳光咖啡工作室。在这个咖啡工作室，陈鹏拿出自己平时搜集的各种精品咖啡，亲手研磨冲泡给来访者品尝，侃侃而谈的都是有关咖啡的知识，带动爱好者们分享、交流咖啡心得。

为推广兴隆咖啡，推动产业发展，陈鹏热衷于参加各种咖啡评比活动。2015年8月，他担任“Toper杯咖啡烘焙大师”海口赛区评委。2015年11月，他应邀担任“第一届兴隆华侨传统风味咖啡冲泡比赛”评委。在万宁市政府的大力支持下，市咖啡协会和陈鹏的阳光咖啡工作室全力争取各种有关咖啡培训和比赛在万宁落地，以营造浓浓的咖啡文化氛围，推动咖啡产业良性健康发展。2015年5月和8月，欧洲精品咖啡协会初、中级咖啡烘焙师培训认证班和“Toper杯咖啡烘焙大师”海南分赛区都在万宁举行，陈鹏希望借此为兴隆的咖啡师搭建一个良好的交流平台，让更多的人接触精品咖啡，提升兴隆精品咖啡的地位，让其最终实现走出去的目标。

吴春光评价陈鹏时说：“能够如此热爱兴隆咖啡，这是非常难得的一个人。如果人人都像他一样，兴隆将涌现出更多的咖啡师，更多的人去进行推广，这对兴隆咖啡的发展贡献将是巨大的。”

张东海：一个好校长成就一所好学校

为了实现自己的教育梦想，年近花甲的张东海不惜从湖南来到万宁，掌舵这所新生的学校，成为北师大万宁附中的校长。他以坚忍不拔的精神，克服重重困难，严谨治校，打造了优良的教学环境，实践了自己的教育理念。仅仅3年，万宁附中就取得了优异成绩，推动万宁教育上了一个新台阶，召回了百姓的教育信心。

教育是一个地方发展的根基。曾经的万宁拿不出一所叫得响的品牌学校，民众对本地的教育缺乏自信。如今，这样一所学校已经有了，它就是北师大万宁附中。建校3年来，它成功地推动万宁教育上了一个新台阶，民众对万宁教育的信心和满意度显著增强。

作为万宁附中的“掌舵人”，张东海在其中起到了至关重要的作用。

2012年，北师大万宁附中成立，身为湖南岳阳人的张东海应聘校长职位。身为特级教师，刚从湖南一所重点中学校长的岗位上退下来的张东海，始终记得法国作家雨果说过的一句话：“多建一所学校，就少建一座监狱。”他心怀教育梦想，终身从教、追求新的教育模式是他一生的理想。他坚信，一所好学校需要一个好校长，校长是学校的灵魂。然而在过去担任校长的19年里，由于种种因素，他的教育理念没有得到充分的展现，因此尽管年近花甲，他依然坚持来万宁追寻自己的教育之梦。

张东海成功地从全国范围的应聘者中脱颖而出，担起校长之职。循着理想的指引，他为万宁附中制定了三点定位：一、成为美丽的花园，学校干净整洁、美丽宁静；二、成为学习的乐园，每个老师都全心全意教书育人，学生把学习当成快乐的事情，师生共同成长；三、成为和谐的家园，师生在一起生活，分享和谐、分享平淡、分享快乐。张校长说：“我的理

张东海校长主持召开学生代表座谈会，认真听取学生意见

想就是办一所全新的、人们满意的、我信念中的好学校。”

2012年，万宁附中刚投入使用时遇到了不少困难，为了让新生的“孩子”正常成长起来，张校长费了不少心思。学校的很多基础设施还未完全建好，围墙也没建成，为了保护学校的教学设备，晚上，张校长就和教师们轮流睡在教学楼里，加以守护。夏天，师生公寓没有空调；冬天，师生公寓没有热水，张校长不辞辛劳地协调解决。此外他还操心起了教师们的口味问题，学校的老师来自全国各地各民族，口味各不相同，他便想方设法让食堂开设各种口味的窗口。

然而最困难的却是学校面临诸多非议。背负着诸多不理解、不信任的万宁附中，在第一次招生时就遭遇了生源数量不足、生源质量不理想的

张东海校长为获得一等奖学金的学生颁奖

张东海校长带领全体教师在国旗下宣誓

张东海校长参与教师集体备课活动

困境。第一次高中招生不但比原计划的招生人数少了200人左右，并且招到的高一新生录取线仅为60分（等级分），低于万宁普通高中招生平均分12.5分，低于海口普通高中招生平均分24分。

张东海没有气馁，他认为要带好一支优秀的团队，校长首先要以身作则；要有理想、有追求，不达目的，誓不罢休；办好一流的学校，要有坚韧不拔、九死不悔的精神。作为专家型校长，他秉承北京师范大学的办学理念和校训精神，规范管理，从严治校，打造了一套严格的管理制度。他以身作则，深入师生们生活、学习的第一线，带头集体备课。

在学生们的心目中，张东海是一个既负责又慈祥的好校长形象。他每

张东海校长深入课堂了解教学情况

天都会去教室巡查并指导老师的讲课，在用餐或者课余时间，他会过来询问学生的情况。在高考备考时，他几乎每天深入教室、宿舍和食堂进行监督，使学生的学习、作息和用餐保持严格的秩序，从各个方面为高考打造了良好的环境。在教师的心目中，张东海充满了坚忍不拔的精神，这种精神在校园的各方面建设和制度执行上都有充分体现。

在他的严谨治学、悉心调教下，万宁附中形成了良好的校风和学风。功夫不负有心人，2015年，学校首届中考、高考成绩喜人。446名学生参加中考，人均分为709.6分，万宁前18名全在该校，700分以上优生占参考人数比例为71%，居全省前列！首届高考也是“低进高出”，囊括万宁市2015年文理科第一名，一本入围率达45.21%，二本以上入围率更是高达86.21%。

短短3年间，万宁附中的优质教育资源、先进教育理念和管理机制引发在外学习的学生5000多人“回流”，民众对万宁教育的信心与满意度显

2015年8月，第12届世界校长大会在芬兰芬开幕。图为赫尔辛基市市长在市政府大厅接见北师大校长团时合影

著增强，同时学校还带动了全市教育的发展，产生了极大的“鲶鱼效应”，万宁附中也因此被坊间誉为书写万宁教育奇迹的学校。

海南省省长刘赐贵来校考察时曾赞扬道：“一支好队伍、一股好风气、一套好制度、一个好校园、一位好校长。”

面对学校取得的成绩和万宁百姓的褒奖，张东海感到非常欣慰。在万宁，他的教育理念找到了真正的实践园地。这位把抓好教育作为人生之梦的人，梦圆了。

吴岳嵩：骨科专家与万宁的不解之缘

很多人不知道在万宁隐藏着一位医学博士生导师，他三下海南，因为万宁优美的自然环境和清新的空气而与万宁结缘，已是退休年龄，却毛遂自荐，在万宁市人民医院继续奉献余热。在万宁市人民医院工作仅仅两年的时间，他就为这家医院带来了一项国家级发明专利，实现了该院建院以来零的突破，并带来了他在上海大医院严密的工作程序、先进的医疗观念和前沿的医学技术，让万宁市人民医院这样一家二甲医院在短短的两年时间里实现了蜕变，他就是第二军医大学第一附属医院骨科专家、主任医师、教授、博士生导师吴岳嵩。

吴岳嵩早年在第二军医大学攻读硕士学位，毕业后留校工作。从事临床和科研工作近40年，20世纪90年代担任上海长海医院骨科主任，为该医院人工关节外科专业的开创者之一。他是中国人民解放军全军骨科专业委员会常务委员，全军康复与理疗专业主任委员，亚太人工关节学会中国分会理事，《解放军医学杂志》、《中华骨科杂志》和《中华关节外科杂志》等多家杂志的编委。他先后发表论文100多篇，编写骨科著作10余本，获得国家发明奖、军队科技进步奖等各类奖项近20项，担任国家自然基金课题和军队科技基金课题多项，并有一项成果由国家卫生部向全国进行推广。

近年来，吴岳嵩主要从事人工关节专业的基础和临床研究，全面开展全身主要关节各种类型的关节置换术和翻修术，在高危、高龄患者行人工关节置换术，严重合并症如糖尿病、高血压、脑血管意外、肾功能衰竭、心脏病等患者行人工关节手术方面积累了丰富的经验。肿瘤保肢术中的人工关节，尤其是带半骨盆全髋关节置换术连续10多例的手术成功，在国内较早开展了一次手术同时完成双侧髋、膝关节置换。他曾为一名股骨上端感染后骨缺损、骨髓炎的病人施行了人工关节置换术，为国内外首创，中央电视台《走近科学》栏目进行了专题报道。这些充分显示了吴岳嵩在

清除感染病灶 置换人工关节

二军大长海医院一国内首例手术获得成功

■通讯员朱智堂 肖鑫 报道

本报讯 卧床5年多的76岁何老伯，经过第二军医大学附属长海医院骨科吴岳嵩教授等医护人员一个多月的精心治疗后，日前康复出院。经文献检索，这是国内首例成功地为感染后骨缺损病人施行一期病灶清除并同时施行人工关节置换术。

该患者1994年右股骨粗隆间骨折，因固定术后局部感染，二次手术进行局部冲洗。5年多来，何老伯前后做了5次手术均没有成功。长海医院吴岳嵩等专家经研究决定为其进行包括假关节在内的感染病灶一期清除并同时施行人工关节置换术。术后，患者伤口愈合良好，没有任何并发症发生。

据介绍，在我国骨关节病患者多达3600多万人，其中有严重疼痛和活动障碍的占12%左右。以往此类患者只能靠长期口服止痛药来减轻病痛，近年来研制出的人工关节可帮助患者迅速恢复关节功能，彻底治愈关节病痛。

《文汇报》对吴岳嵩成功完成的国内首例清除感染病灶，同时置换人工关节手术的报道

国内骨科领域的领先地位，因此他在医学界闻名遐迩，声名远扬，退休后仍入选第二军医大学校专家组。

退休专家迷上海南

说起吴岳嵩这位海南重点候鸟人才与万宁的结缘，真能窥见他对于这

个南国他乡的爱。13年前，因参加一个在三亚举办的国内骨科学术会议，他第一次来到美丽的海南岛，三亚的美丽海景一下子把他深深地震撼了，一望无际的蓝天白云，清澈透蓝的海水，松软柔和的沙滩，阵阵香气的奇花异草！第一次的海南之行给他留下了深刻的印象。由于行程匆忙，还未好好享受一下海岛风光，他便离开了海南。此次意犹未尽的学术交流之旅，吴岳嵩多少心存遗憾，他总想着下次能够放下冗务的杂事，专程去海南，一定要在海南多看看，多走走。

第二次到海南是某年的春节前，这一次，他和老伴泡着兴隆温泉，穿着短衣短裤的“海南衫”在三亚的海滩上尽情地玩耍，他们被这个冬日里依旧晴暖和煦的南国海岛深深地陶醉了。

春节后，他们又急匆匆赶回上海去上班了，但吴岳嵩仍然没有在海南玩够，一路上惦记着下次什么时候再去海南。

终于等到了退休年龄。

2013年冬天，吴岳嵩终于第三次踏上了海南岛。上一次在海南泡温泉的情景仍记忆犹新，他们决定找一个有温泉的地方。听说万宁的兴隆是个温泉小镇，每个宾馆都有温泉游泳池，于是他将车第一时间开到了兴隆镇上，住进了一家有温泉的宾馆。他和老伴打开地图，海南岛的东面是太阳升起的地方，第一眼就能看到日出是一件很美好的事情。

第二天一早，他便驱车到万宁市区逛逛，准备在这里买房避冬，择一城终老。几天下来，他们看中了离市医院不远的正在建造的楼盘，选了16层楼的一套房子，阳台正对着万宁东面的小海，景色令人心情十分舒畅。就是这里了，他和爱人立即付了定金。

“定海神针”毛遂自荐

吴岳嵩又来到市人民医院走走看看，感觉医院的环境很好，廊道十分宽敞，遮阳挡雨，通气透亮，十分符合海南的气候特点。

吴岳嵩走进医院行政办公区，看到院长办公室里坐着一位年轻的领导，他走进去说明了来意，并介绍了自己的身份，很快和这位刚从海南医学院调来的新院长郑武平聊了起来。

吴岳嵩对郑院长说：“我是来做义工的，因为已经退休了，来发挥点余热，做点事，或许对当地老百姓有点好处。”

郑院长听他这么一说，十分高兴，当即引为座上宾。

严要求下医院实现质的飞跃

2014年12月初，吴岳嵩开始在万宁人民医院上班了。医院给了他一间办公室，并配备了电脑和打印机等办公设备。

刚开始上班时，吴岳嵩很不习惯，由于长期在上海大医院工作，工作程序十分严密，井井有条，而万宁当时许多常规的医疗知识都有所欠缺，尤其是手术室的无菌观念还十分薄弱，病房的护理也跟不上。吴岳嵩是个急性子，看见不顺眼的事，见到一件说一件。院长知道后，请他为院里作了一次专门的学术讲座，讲手术室的无菌观念和手术器械的配备等问题。

他首先从手术室规范、无菌环境完备、手术器械齐全、手术操作程序化等一点一滴做起，再到病房床位、床单、铺垫、牵引、石膏、术后护理等基础性工作进行具体指导，将上海大医院、国内一流教学医院的规范慢

吴岳嵩指导学生问诊

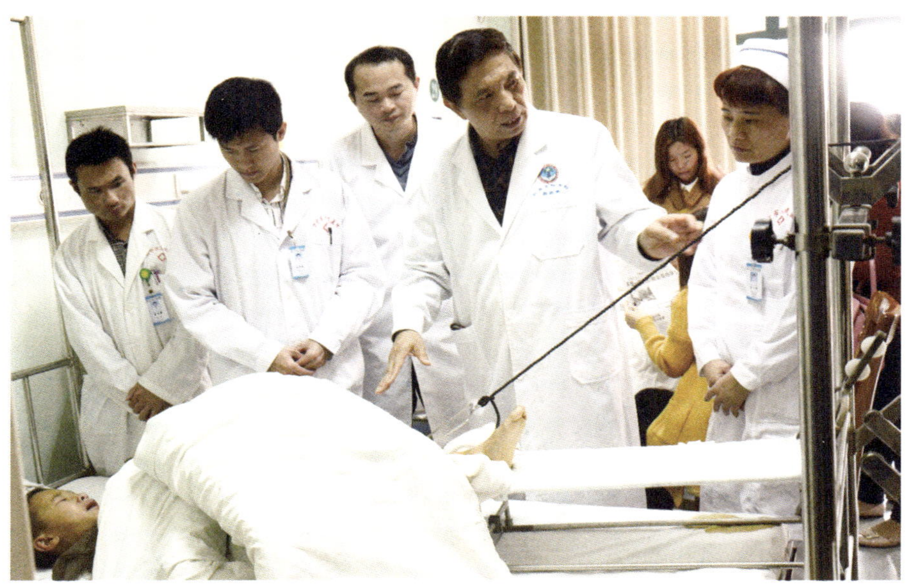

吴岳嵩向学生讲解护理知识

慢地带到万宁人民医院来。

为了让大家对手术有一个比较统一的认识和判断，他还常常开展术前病例讨论和相关学术讲座，针对手术中的问题，如这个病诊断的依据是什么？病因是什么？病理上有什么特征？手术中可能会遇到的问题，如何解决？术后会发生什么后遗症，如何预防？逐一对各种病情进行分析，做好预判。

经过一段时间的努力，科室医生和护士们严格按照吴岳嵩教授的要求一一做了整改，并根据他的要求进行完善补充，为万宁市人民医院骨科的发展打下坚实的基础。

2016年6月，由吴岳嵩主持研究的“一种髌骨成形锉”获得国家知识产权局实用新型发明专利授权（专利号：ZL 2016 2 0027234.X），实现了万宁市人民医院建院以来专利发明零的突破。

据了解，国内各医院在行人工膝关节置换术时，普遍采用手持咬骨钳等手工方式行髌骨成形术，手术时间较长，处理后的髌骨表面较为粗糙。该项专利通过巧妙设计，采用电动工具带动髌骨成形锉在需要成形的髌骨表面快速转动，将髌骨增生骨与股骨侧假体不匹配的骨组织用切削、磨锉等方式去除，在较短时间内形成光滑、规则的表面，与股骨侧假体较为匹配的髌骨面可部分或大部分替代髌骨假体的作用，有效提升髌骨成形后的质量，同时减少手术时间，减轻病人痛苦，并有可能减轻术后髌骨周围疼痛的发生率，具备良好的应用前景。

实用新型专利证书

实用新型名称：一种髌骨成形锉

发　明　人：吴岳嵩；吴钟添；李文治

专　利　号：ZL 2016 2 0027234.X

专利申请日：2016 年 01 月 13 日

专 利 权 人：海南省万宁市人民医院

授权公告日：2016 年 06 月 08 日

本实用新型经过本局依照中华人民共和国专利法进行初步审查，决定授予专利权，颁发本证书并在专利登记簿上予以登记。专利权自授权公告之日起生效。

本专利的专利权期限为十年，自申请日起算。专利权人应当依照专利法及其实施细则规定缴纳年费。本专利的年费应当在每年 01 月 13 日前缴纳。未按照规定缴纳年费的，专利权自应当缴纳年费期满之日起终止。

专利证书记载专利权登记时的法律状况。专利权的转移、质押、无效、终止、恢复和专利权人的姓名或名称、国籍、地址变更等事项记载在专利登记簿上。

局长
申长雨

中华人民共和国国家知识产权局
2016 年 06 月 08 日

第 1 页（共 1 页）

吴岳嵩主持研制的“一种髌骨成形锉”获得国家知识产权局实用新型专利证书

高明医术为百姓带来福音

在医院的基础条件具备之后，吴岳嵩教授开始收治一些疑难病症，如先天性髋关节脱位的手术治疗、带股方肌肌骨瓣治疗股骨颈骨折、肌腱转位治疗足下垂、严重骨盆骨折的手术治疗等，尤其是开展了大量的人工髋关节、膝关节置换术。

有一位万宁市的老师，从小患骨髓炎、化脓性关节炎，直到成年留下残疾，一条腿上下到处是坑坑洼洼的疤痕凹陷，关节完全僵硬，左侧下肢比对侧短了7厘米，走路跛行十分明显，且一多走就疼痛，到处求医，医生们见了这种复杂的病情都在摇头，一位海南省某医院的医生说这种手术的风险比常人高出10倍。

吴岳嵩凭借40年的临床经验，处理过大量更为复杂的病症，对这一手术信心十足。后来得知，早在10多年前，中央电视台为人工关节做了一个科教专题节目，走访了全国最知名医院的3位知名教授，分别是北京协和医院的邱贵兴院士、上海第九人民医院的戴克戎院士，还有一位就是吴岳嵩，他们做过手术的病人成了这次节目中的典型病例。经过吴岳嵩的亲自操刀，该病人的关节畸形、骨胳变形、骨质钙化、肌肉挛缩、软组织疤痕组织造成广泛粘连等一系列难题迎刃而解，还克服了术后出血、感染、关节脱位等多重难关。一周后，病人顺利下床行走，切口一期愈合，术后X-线片检查，十分到位。

还有一位双侧髋关节患病几十年的病人，到医院来时不能行走，只能整天弯着腰，拄着拐杖，生活十分困难。手术后一个月来院复查时，已能昂首挺胸地走路了。

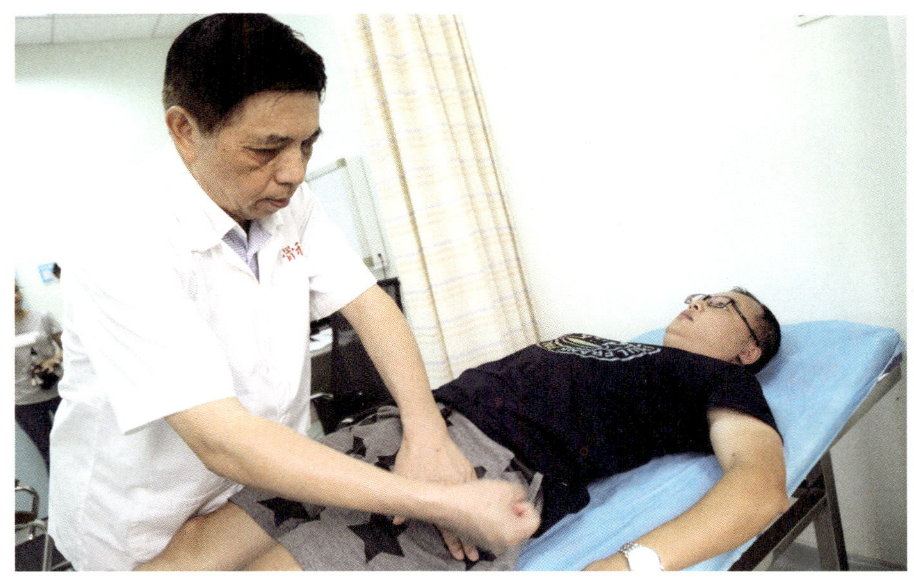

吴岳嵩正在为患者治疗

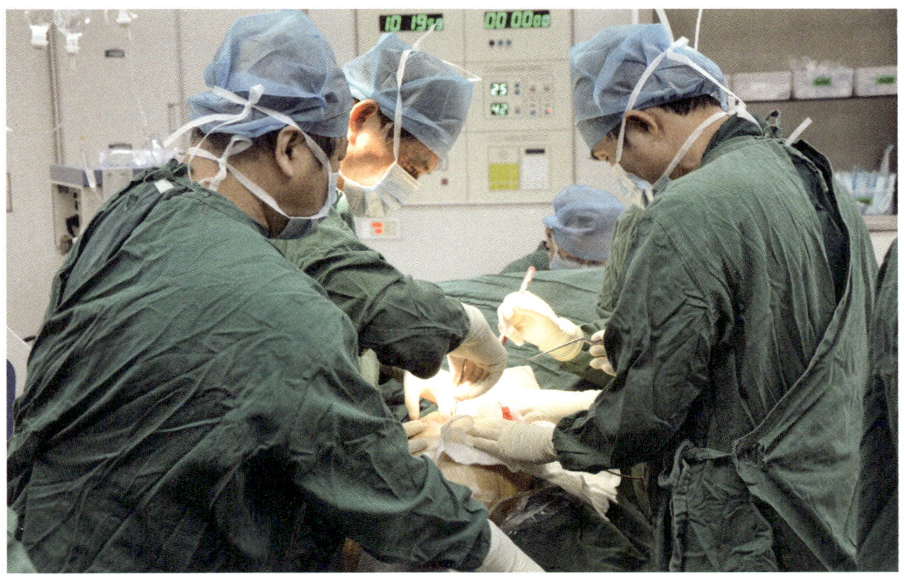

吴岳嵩（中）正在给患者做手术

另有一位患病40多年的女病人，一侧髋关节中的股骨头一半已经没有了，走路时疼痛明显，手术后也很快恢复。

一位71岁的王奶奶，两侧膝关节疼痛多年，儿子带她来医院找吴岳嵩做手术。手术后仅一个月，她活动十分灵便，膝关节伸屈自如，非常满意。

“我现在能正常走路了，能遇到吴教授这么好的医生，真是我的福分。”王奶奶竖起大拇指说。她终于不用担心腿脚不便给孩子们增加负担，她又可以像以前一样正常走路了。

很多医生看了吴岳嵩教授的手术，十分赞叹，手术层次分明，解剖清清楚楚，切口很小，出血不多，手术时间短，一个全髋关节置换术切口不到7厘米长，不到一小时顺利完成，还不用输血，双侧关节置换术一次手术完成。

一位患者到北京某医院做完手术回来，看到吴教授治愈的病人的切口还不到他的一半长，十分感叹：“早知道吴教授来万宁，我何不就在万宁手术，还到北京去找像吴教授这样高水平的医生。”

医者仁心受到众口称赞

就这样，万宁来了个全国骨科名医被口口相传，许多病人为了求得吴岳嵩亲自为他手术，手术前送上红包，一开始吴岳嵩都上交医院，后来直接交科室护士长转交给病人，再后来干脆等手术一结束，他直接交还到病人床边，表现出一名医者崇高的医风医德。

对于这些，吴岳嵩平淡地说：“因为手术前怕病人和家属有顾虑，怕我不肯认真手术，所以等手术结束了，而且病人回到病房，一切顺利，再交还给病人更好些。还有患者送感谢信，交到院里，那我就笑纳了。”

一位病人在术后写给吴教授的感谢信上说：“衷心感谢吴岳嵩教授的亲自执刀，与外二科医生护士的密切配合，使我女儿的手术非常成功……使我们一家从痛苦中走了出来。”

如今，吴岳嵩已把万宁当做了第二故乡，欲把自己在医学上的毕生所学奉献于此，让万宁当地老百姓在家门口就能得到专家问诊，他称之为“双赢”，就是他能享受万宁的优美环境和清新的空气，一边养老，一边发挥余热，为万宁当地老百姓继续悬壶济世。

王宏坤：一个山区青年特岗教师的教育梦

一个外地的青年人把他乡当做故乡，为了万宁山区孩子的教育，勤勤恳恳、关爱学生、团结同事、勇于创新，得到了师生们的一致认可，并多次获得各项殊荣。仅仅6年时间，这个澄迈小伙王宏坤便从一名年轻的骨干特岗教师逐步成长为学校的党支部书记和副校长。如今，而立之年他依旧不忘初心，用最朴素的信念，坚持播撒着梦想，为万宁山区基础教育的发展尽着绵薄之力。

6年前，他从宁夏大学毕业，并通过特岗教师招聘，从家乡澄迈来到了万宁，在落后的南桥镇当起一名普通的山区教师。6年过去了，他一步步成长，从一名普通的生物老师到班主任、德育主任、党支部书记，一直到副校长，不管是在教师岗位，还是在领导岗位，他都能始终如一，坚守着最初的梦想，不忘初心。他就是万宁市南桥学校30岁的青年教师王宏坤。

如果不是亲眼所见，人们不会相信一个学校的党支部书记兼副校长居然是一位如此年轻的小伙子。王宏坤说："我首先是一位老师，其次才是党支部书记和副校长。我刚来到这边，就是一名普普通通的老师，工作这几年来，我做着一位普通老师应尽的义务，我只是我们学校84名教职员工中普普通通的一员，是领导和同事们无私的关心和帮助，才使我得到这么快的成长，能得到领导、同事和学生们的认可，我十分感动。"

3月21日中午10点，我们在校道上见到了正在弯腰捡起地上垃圾的王宏坤，他引我们来到了他的办公室，办公室虽然不大，但是十分整洁干净，看得出他是一位做事十分认真、有条理的人。

"当时走上讲台的心情可以说是很高兴，当了10多年的学生，现在终于也当上了老师，所以心情还是比较高兴的。"说起为什么选择当老师，王宏坤的回答天真而朴实："因为我是一个比较简单的人，学生比较天真、单纯，在跟学生交往的过程当中，我觉得自己会变得简单，我喜欢过简单的生活。再则，我总认为当一名好的老师会影响一个学生，甚至会影响一批学生。为学生们解决学习、生活上的困难，看到学生们脸上洋溢出幸福的笑容，我的内心会得到一种满足。"

回想起刚刚在山区任教的日子，王宏坤满是感慨："当初来的时候是有过一些动摇，因为这里交通很不方便，各种软硬件设施没有完善，经常断水断电，不能做饭、洗澡，吃饭好要跑到南林镇区去，来回要花一个多小时，当时的条件确实艰苦。"

"2010年9月份那一批特岗教师共有17个人过来，如今已经有4位老师陆陆续续离开这个学校，调走或是辞掉工作到别的地方去了，但是到现在为止，我也没有后悔来到这个地方，因为我觉得我们年轻人多吃点苦，多受点累，同时也能得到更多的锻炼，加入到山区教育这么一个大家庭当中去，把外面比较有朝气的这些思想、这些信息能够带给我们的山区这些学生，让他们通过教育得到成长，走出山区，通过教育来改变孩子们的命运。"王宏坤把这自娱自乐自称为"当代的知青"。

"王宏坤勤奋好学、精通业务、勤勤恳恳、任劳任怨、团结同事、勇于创新，虽然年纪轻轻，但是十分有作为，得到师生们的一致认可，并多次获得各项殊荣，从一名年轻的骨干特岗教师逐步成长为学校的党支部书记和副校长，跟他勤奋吃苦肯定是密不可分的。"南桥学校校长崔传波说起王宏坤，止不住地点赞。

"原先当这个老师的时候，还当班主任，我得管好一个班的学生，并把课上好，但是现在走上领导岗位以后，面对的是全校的师生，面对学生，

王宏坤任教的学校

王宏坤在教室里给学生们上课

王宏坤在教室里辅导学生

我还可以用管教和引导的教育方式，但是面对我们老师的话，更多的还是需要以身作则、以上率下来亲自引导我们的老师。”王宏坤说得很真诚。

“王宏坤对同事非常热心、真诚，对工作十分忘我，吃得了苦，从不计较个人的得失，对待学生更是充满爱心，不仅在学习上关心，生活上也是尽心尽力，经常组织师生们带着慰问品到有困难的学生和老人家中进行家访、慰问，帮穷济困，真正做到从学习和生活各方面去关心学生。”南桥学校庞林老师这样评价王宏坤，“算来他从澄迈来学校已经有6个年头了，家比较远，年轻人能过来我们山区这边，不容易，需要的不仅是勇气，更是一种责任，一种当担！当然，还有爱心，一种对学校发自内心的爱，一种对学生真诚的爱，一种对教育朴素而温暖的爱！”

干净整洁的校园

南桥学校的学生蔡玲玲说："王校长平时对我们很严格，但是严师出高徒嘛，他对我们严是对我们的关爱吧，但是当他作为老师出现在我们面前时，他又马上变得和蔼亲切起来，对我们的学习和生活总是十分关心，他是一位好校长，更是一位好老师！"

"我们不仅要学生们学好科学文化知识，更应该注重培育学生们的良好习惯和感恩之心，这对于学生们的终身成长都是有帮助的……"王宏坤谈起他的教育理念，有十分独到的见解。

每天起来，王宏坤先检查各清洁区的卫生，跟学生们一起做早操，到校门口检查学生上课和迟到情况，抽空去学生宿舍检查内卫整理情况，没收管制刀具和大功率电器，当然，更重要的是上课。放学后，王宏坤总会

王宏坤获得的各种荣誉证书

来到校门口，指挥来往车辆减速慢行，让学生们排好队有序离校，他始终把学生们的安全放在第一位，一坚持就是6年，一如他当初做出的决定。6年的时间，王宏坤把精力都放在了山区的教育上，无怨无悔，为的就是希望通过自己和同事们的努力，改变山区落后的教育面貌，以此来改变山区孩子们的命运。

尽管如今已是中学一级教师，王宏坤仍然利用工作之余坚持进修学习。2011年3月至5月在万宁市教师培训基地“万宁市首期管理骨干教师培训班”学习。2011年10月至12月在上海市复旦初级中学挂职跟班学习。正是因为勤奋好学、埋头苦干，他先后获得了“2012年万宁市中小学教师远程培训优秀学员”称号、“万宁市中学生物课堂教学评比三等奖”、“南桥学校2013—2014学年度“优秀教育工作者”、万宁市委市政府联合表彰的“万宁市百名为人师表教师”等殊荣。我们把王宏坤的获得的各种荣誉证书铺满了整张桌子。

曾山：不做时间奴隶的『浪人』

万宁是世界冲浪胜地，曾山是这个胜地上著名的“浪人”。为了感受人生的精彩，31岁的曾山选择“退休”，来到海南。33岁时开始在万宁日月湾经营目前国内规模最大的冲浪俱乐部。他帮助打造了万宁少年冲浪先锋队，把自己的使命定为推广冲浪文化。他的人生，永不戒“浪”。

在冲浪圈子里，只有达到一定级别的发烧友才够资格称为“浪人”。传说中的“浪人”们往往为了冲浪抛家舍业，并且技术顶尖。日月湾来来往往的“浪人”很多，他们被海水浸得眼睛通红，被晒得肤色黝黑，头发焦黄，嘴角若有若无地挂着笑，随意而平静。曾山是他们中间的一个，他留在日月湾，被人称作“曾总”、“山哥”和“曾老师”。圈内人调侃说：“大山还走在成为‘浪人’的道路上。”

“我忽然明白自己要的是什么”

曾山不喜欢规规矩矩的生活，起床时间不定。“若是两年前，早上5点就会被电话吵醒，生怕错过每一个客户。”2011年年初，曾山放弃了自己在太原的钢铁生意，告别每天面对两部手机、3台电话，开会、看报表的晋商生活。曾经“刷牙时都在打电话”的曾山，31岁选择“退休”，来到海南。33岁时开始在万宁日月湾经营目前国内规模最大的冲浪俱乐部。不是在冲浪，就是在想怎么冲浪，曾山说在“浪人”们中间流传着一句话：“感受过世界的精彩，做不回时间的奴隶。”或许可以形容自己现在的状态。

曾山正在享受冲浪的乐趣

几个“头一回”同时发生，让曾山与日月湾的缘分有了一点宿命的味道。头一回来日月湾，头一回趴上冲浪板，头一个浪，他站起来了。“那一刻我忽然明白自己要的是什么。”

结束了在太原的生意，来到海南，曾山就扎进水里开始玩海，最先学的是潜水，无意中看到一张冲浪的图片很精彩，用来做了手机桌面。一次在三亚湾的小区里打球的时候，与美国朋友Jeff聊起手机屏幕上的冲浪图片，不想当天夜里Jeff发来短信，说距离三亚不远的日月湾是国际著名的冲浪胜地，约他次日同去。

第二天，他们在日月湾遇到了现在俱乐部里的招牌教练之一小龙

曾山为冲浪爱好者讲解动作要领

Brendan。“人家跟他说，日月湾是中国唯一能冲浪的地方，他就信了。”比曾山小10岁的“浪人”建业嘲笑曾山是个老实的“孩子”。

曾山并不否认自己受了这个玩笑的影响，日月湾原始质朴的海滩是这个生长在城市的大男孩心中向往的人间天堂。“我喜欢海，喜欢热带，曾经想和哥哥一起移民加拿大，但一想到那个冷，我就接受不了。”对于爱运动的曾山来说，厚重的冬衣是肢体的枷锁，寒冷的天气让心灵感受不到自由。“那是2011年12月30日，我第一次冲浪。”曾山坐在冲浪交流区的沙发上，望向北边的教学沙滩。俱乐部的员工小段说：“山哥，你的眼睛在放光。”

中国少年冲浪队的队员们

“中国冲浪的未来就在这些孩子身上”

曾山对自己的冲浪技术评价保留了较大余地，不敢自称“浪人”，他在日月湾最响亮的名号或许是“曾老师”。“曾老师，拿水果去吃！”海门水果摊档的阿姨隔着马路举起一挂香蕉。骑着三轮摩托车的老伯忽然靠边减速，“曾老师，中午吃什么？”“现在去买菜回来。”曾山一路打着招呼，一边介绍这是某某学生的家长，那是某某餐厅的老板。

2012年9月，就在曾山刚刚盘下俱乐部一个月的时候，从以前遗留的文档中发现了少年冲浪队的规划。“在国际赛事上，中国选手的分数与国

曾山接受媒体采访

外选手差距相当大，我们这些爱好者热情再高，年纪摆在那儿，提高技术的空间不大，中国冲浪的未来就在这些孩子身上。”于是，由渔村少年组成的中国首支少年冲浪队在日月湾成立了。孩子们每周六、日到海边来训练，装备免费，教练免费，俱乐部还提供午饭。今年除夕与初一恰逢周末，没有一个孩子来训练，已经忘记春节习俗的曾山在海滩上空等了两天。孩子们初三来给老师拜年，曾山立即给每人发了100块压岁钱。

“后来我又后悔了，他们拿着钱去上网怎么办？买了不干净的零食怎么办？明年我发防滑蜡！”孩子们谨记着曾老师立下的“成绩下滑立即除名”的规矩，没有一个因为冲浪耽误学习。礼纪中心学校六年级四班的黄子洋，上学期数学成绩提高了19分，他的好朋友黄云翁的各科成绩都在向上爬。曾山看着他们的成绩单说："虽然还有不及格，但都在进步。"曾山最珍惜的是孩子们写给他的留言本，12张纸上洋溢着对冲浪的热爱。"他们有的想去夏威夷，有的想去加利福尼亚，冲浪让他们的眼界更加开阔，也让他们的未来有了更多选择。"

"我要做的是推广冲浪文化"

拥有全国规模最大的冲浪俱乐部和第一支少年冲浪队的曾山在外人眼里似乎有点牛了。而俱乐部的"大"却困扰着他。2012年11月，曾山在万宁市政府开冲浪节筹备会时，接到餐厅打来的电话，让他顺路买10只鸡带回去。后来捆鸡的绳子松了，鸡就在吉普车里飞。"我是来冲浪的，鸡在我车里飞！"曾山趴在方向盘上，想起自己第一次站在浪上的感觉，"我不是来开餐厅、酒吧的，我要做的是推广冲浪文化！"

曾山目前最想做的是另外一个全国第一：第一家冲浪博物馆。"16世纪，夏威夷人就踏着木板在海浪上奔驰。如今全世界冲浪爱好者超过6000万人，通过展示在历史与潮流中形成的文化，才能让更多的人理解并爱上这项极限运动。"日月湾在万宁市政府的规划中是未来的冲浪小镇，曾山已经将博物馆的设想提交给了相关部门。在今年5月举办的日月湾俱乐部冲浪赛上，曾山还推出了自己关于冲浪文化的新概念：Jalenboo。

Jalenboo是曾山自创的单词，是中文"戒浪·不"的国际化拼写，源于流传在"浪人"们中间的一句话："一天冲浪，终生戒浪。"与所有极限运动一样，冲浪也会上瘾。人体在危险与刺激环境下分泌的肾上腺素能让人呼吸加快，心跳与血液流动加速，使反应更加快速，从而产生兴奋的

快感。沉迷其中的“浪人”会为了四处逐浪而放弃工作、家庭及社会责任，因此曾山在日月湾开展了关于“戒浪·不”的主题讨论，为了冲浪，他舍弃了闲适生活；为了推广冲浪文化，他经营起俱乐部，组建少年冲浪队。曾山认为，真正的“浪人”要有所追求，真正的“浪人”“戒浪·不”。

“被大浪打翻在海里，实在没气的时候吸进一口海水都能多维持几秒。”在曾山看来，每一个浪都像是人生的压力与机遇，被浪拍惯了，人会变得淡然，会更懂得放弃与珍惜。戒浪？不戒浪？曾山说：“Jalenboo！”

04 执着精进　文苑芬芳

陈鸿诚：书香伴春秋，翰墨著人生

他的笔下，质朴自然，闲静优雅，虚和与浪漫、法度与性灵共存。诚如其书，被评为首届海南省十大中青年书法家之一的陈鸿诚，一生痴情于书法，在平淡中追求真意。万宁是“中国书法之乡”，陈鸿诚是延续这一传统的又一代表。

万宁是海南四大古州之一，书法艺术资源丰富，书法历史文化底蕴深厚，是全国第74个挂牌命名的“中国书法之乡”，诞生了许多知名的书法家。

在2014年12月举行的首届海南省十大中青年书法家评选中，就有万宁人当选，他就是陈鸿诚。他的书法集古意今情为一体，奇雅兼具，虚和与浪漫、法度与性灵共存，自成一格。

初识翰墨

1971年，陈鸿诚生于万宁市礼纪镇红群村村委会洪嘉村。由于在家中排行老幺，上面有3个姐姐，陈鸿诚小时候倍受长辈和姐姐们疼爱，然而过多的疼爱并未使陈鸿诚像其他孩子一般调皮捣蛋，相反，他的性格反而更安静一些，几乎从不让大人们操心。

每逢红白事时，村里的一些长辈就会受邀替人书写一些文章、对联，陈鸿诚的二伯父就是当地有名的书法家陈克凤。由于经年耳濡目染，小小的陈鸿诚每每看到二伯父书写文章、对联时，就拿起笔一笔一画地在一旁依样“画起葫芦”来。渐渐地，陈鸿诚的举动引起了二伯父的注意，他发现陈鸿诚不仅十分喜欢书法，而且有着很好的书法天赋，于是送给陈鸿诚一本颜真卿的南昌故郡洪都新府星分翼軫地接衡廬襟三江而帶五湖控蠻荊而引甌越物華天寶龍光射牛斗之墟人傑地靈徐孺下陳蕃之榻雄州霧列俊采星馳臺隍枕夷夏之交賓主盡東南之美都督閻公之雅望棨戟遙臨宇文新州之懿範襜帷暫駐十旬休假勝友如雲千里逢迎高朋滿座騰蛟起鳳孟學士之詞宗紫電青霜王將軍之武庫家君作宰路出名區童子何知躬逢勝餞時維九月序屬三秋潦水盡而寒潭清煙光凝而暮山紫儼驂騑於上路訪風景於崇阿臨帝子之長洲得仙人之舊館層巒聳翠上出重霄飛閣流丹下臨無地鶴汀鳧渚窮島嶼之縈迴桂殿蘭宮即岡巒之體勢披繡闥俯雕甍山原曠其盈視川澤紆其駭矚閭閻撲地鐘鳴鼎食之家舸艦彌津青雀黃龍之軸雲銷雨霽彩徹區明落霞與孤鶩齊飛秋水共長天一色漁舟唱晚響窮彭蠡之濱雁陣驚寒聲斷衡陽之浦遙襟甫暢逸興遄飛爽籟發而清風生纖歌凝而白雲遏睢園綠竹氣凌彭澤之樽鄴水朱華光照臨川之筆四美具二難并窮睇眄於中天極娛遊於暇日天高地迥覺宇宙之無窮興盡悲來識盈虛之有數望長安於日下目吳會於雲間地勢極而南溟深天柱高而北辰遠關山難越誰悲失路之人萍水相逢盡是他鄉之客懷帝閽而不見奉宣室於何年嗟夫時運不齊命途多舛馮唐易老李廣難封屈賈誼於長沙非無聖主竄梁鴻於海曲豈乏明時所賴君子見機達人知命老當益壯寧移白首之心窮且益堅不墜青雲之志酌貪泉而覺爽處涸轍以猶歡北海雖賒扶搖可接東隅已逝桑榆非晚孟嘗高潔空餘報國之心阮籍猖狂豈效窮途之哭勃三尺微命一介書生無路請纓等終軍之弱冠有懷投筆慕宗愨之長風舍簪笏於百齡奉晨昏於萬里非謝家之寶樹接孟氏之芳鄰他日趨庭叨陪鯉對今茲奉袂喜託龍門楊意不逢撫凌雲而自惜鍾期既遇奏流水以何慚嗚呼勝地不常盛筵難再蘭亭已矣梓澤丘墟臨別贈言幸承恩於偉餞登高作賦是所望於群公敢竭鄙懷恭疏短引一言均賦四韻俱成請灑潘江各傾陸海云爾

滕王高閣臨江渚佩玉鳴鸞罷歌舞畫棟朝飛南浦雲珠簾暮捲西山雨閑雲潭影日悠悠物換星移幾度秋閣中帝子今何在檻外長江空自流

滕王閣序全稱秋日登洪府滕王閣餞別序亦名滕王閣詩序駢文名篇唐朝王勃作述滕王閣一帶景色和宴會盛況抒發了作者無路請纓之感慨甲午年秋桓陳鴻誠書

陈鸿诚书法作品

《颜勤礼碑》碑帖，并开始指导陈鸿诚，从基本笔法到书势——落笔、转笔、藏锋、藏头、护尾、疾势、掠笔、涩势、横鳞竖勒，得到二伯父的亲自传授，慢慢地，书法成了陈鸿诚儿时最好的玩伴。

到了上初中的年纪，由于成绩优秀，陈鸿诚考入了万宁市第二中学，后来又考入了当时万宁最好的中学——万宁中学。在县城读书的时候，县里经常举办书法培训班，请万宁当地的书法名家肖关汉、符在优、孔育才等人对学生进行培训，陈鸿诚每每积极报名参加培训班，从此步入正规研习书法的道路。特别是在万宁中学，在欧东顺老师的努力下，每逢元旦等节日，万宁中学都会举办一些书法活动，为陈鸿诚等书痴们提供了一个很好的平台，陈鸿诚每次都是热情满满地参加，并相继获得了一些奖项，这对他而言是一种莫大的鼓舞。由此，他更加喜欢书法，并开始立志把书法作为自己今后人生道路上的一个艺术爱好和追求。

1988年暑假，万宁籍书法名家吴东民先生在万宁中学举办了一个书法美术培训班，陈鸿诚被学校举荐参加，得到吴东民先生的悉心指点，书法技艺取得了很大的进步。

崭露头角

1988年初中毕业以后，陈鸿诚考入了琼台师范学校，学校里充盈着浓浓的习书氛围，师兄们勤习苦练，并在全国多次获奖，更加打动了陈鸿诚的心，他开始以师兄们为榜样，几乎每天午饭和晚饭以后都会跑到教室里勤加练习，并经常跑去请刘胜角和黄强等老师指点。3年下来，陈鸿诚逐渐在学生中崭露头角，并参加了一些全国性的书法展览，相继在“全国青少年楷书竞赛”和

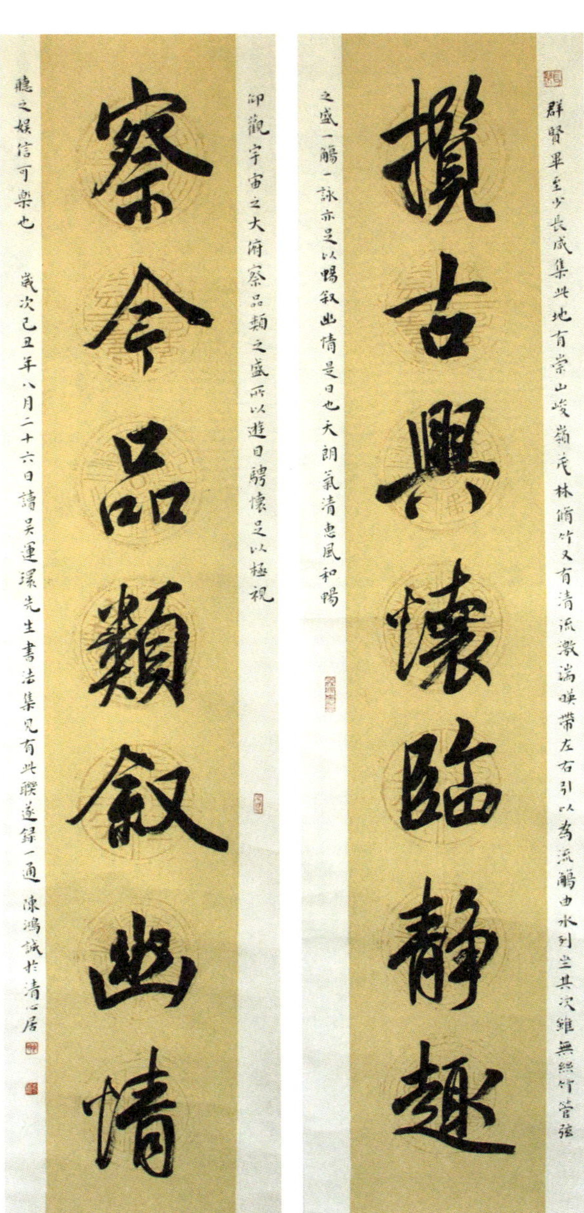

陈鸿诚书写的对联

陈鸿诚（右一）为海军士兵讲解书法知识

"全国师范生书法大赛"中获得一等奖。

从此，陈鸿诚学习书法的劲头更是有增无减，几乎是达到了痴迷的状态，有时候为了创作，更是通宵达旦。

毕业后，陈鸿诚回到家乡万宁教书，在北坡中学当起了一名美术老师。借此机会，他尽量把所学的知识和技能传授给学生，逐渐在学校里掀起了一股学习书法的热潮，并有多位学生在全国书法大赛中获奖。同时他不断磨练自身功夫，常常利用工作之余在寂静的夜里创作，作品先后入选"全国第四届中青年书法篆刻作品展览"和"全国第五届书法篆刻作品展览"。为了开阔自己的眼界，陈鸿诚还自费跑到辽宁省参加了第五届书展。他发现还有很多值得自己去学习的地方和自身的不足之处。从那以后，陈鸿诚慢慢地把书法

陈鸿诚（前排左三）为海军部队题词

作为个人修为的艺术和爱好，并长期坚持了下来。

书为心境

走进陈鸿诚的家门，映入眼帘的是刻在门上方的三个大字——清心居，这便是他的书铭。步入厅堂，主人手书的隶体苏东坡的《前赤壁赋》全文，经过装裱后挂在墙上，厅堂的墙角边上，堆着满满的书卷和手稿，再移步，就是不大的书屋，里面挤着一张书柜和一张床，书柜里放着《中国书法》、《晋唐楷书研究》、《八大山人书法全集》、《古代楷书发展史》、《中国名家楷书经典鉴赏》等书法类书籍和刊物，书柜旁边照例是书法手卷一卷挨着一卷，虽然整个居室看起来有些凌乱，但并无碍观瞻，反倒更增添了些许墨韵和书香，让人一看就知道主人是一位嗜书法如狂的书痴书迷。

1993年，陈鸿诚参加竞聘，到万宁县政府办从事秘书工作。虽然工作变得更加繁忙，但他依旧不改其志，仍然坚持每天早上起来练习一个小时的书法，并把练习书法当做最好的休息，乐此不疲，从中找到了更多的乐趣。这让他始终能保持宁静淡泊的心态，静静地领略着书法的趣味，他的心境正如他家门上方的三个大字“清心居”所赋予的意境。

陈鸿诚也曾经年少轻狂过，当时他给自己的书斋取名为“破壁斋”，立志于“面壁十年图破壁”。随着年龄的增长和书法艺术的成熟，他对一些事物的认知也发生了改变，做人做事要低调，平平淡淡才是真。在书法技法上，他选择“先专后博，博专结合”的路子，通过临习、体会古人作品的意蕴与境界，由追求气势转向追求韵味，由刻意求工转向随意松动，在书法造诣上走向自觉。

近几年来，陈鸿诚先后获得“海南省庆祝中华人民共和国成立62周年暨纪念辛亥革命100周年书画展”书法一等奖、“首届海南省十大中青年书法家”称号、海南省第一届南海文艺奖书法奖等荣誉，并于2015年当选为海南省书法家协会副主席。

海南知名书法家、海南省书法家协会驻会副主席兼秘书长陈洪评价陈鸿诚说，他的书法诚如其人，质朴自然，闲静优雅，书气极浓，即使是其所作的行草书，也蕴含着一种不激不厉、悠闲自得的气质，大体形成既有古意，又染今情的风貌，有碑学之奇，却更多帖学之雅；有晋人书风的虚和，却更多个性派书家的浪漫；有法度规矩，却更多抒写性灵的自然适意；有中锋用笔的丰润，却又多八面出锋的灵活。

钟瑶虹：舞出精彩人生

钟瑶虹是万宁快乐舞蹈健身队的领队。从广场舞上，她找到了自己的人生快乐，又用这份快乐感染了更多人。她是一个“完美主义者”，把这份爱好当成认真追求的事业，不断带领舞队爬上新高度。连续两年，快乐舞蹈健身队获得全国原创健身舞比赛一等奖。

2013年、2014年连续两年的全国原创健身舞比赛，来自万宁的快乐舞蹈健身队都神奇地获得了一等奖。万宁人发现，这支登上全国领奖台的队伍原来就是自己身边每晚7点半都会出现在人民广场东北角的那支舞队。

舞队手捧金杯，领舞的钟瑶虹功不可没。没有她的创意和坚持，就没有她们在舞台上的精彩。这一份热爱，使她的人生找到了美丽的方向。

2011年，快乐舞蹈健身队成立之前，刚生完小孩的钟瑶虹体重直逼130斤，这个“完美主义者”决心先“透透气”，让人生摆脱累赘。

钟瑶虹想到了广场舞。之前，她喜欢去健身房做健身操，去球馆打羽毛球，但她发现聚在广场上跳舞比闷在健身房里要爽快。广场舞，踢踢腿，弯弯腰，全身各个部位都能得到锻炼。加上流汗和补水，促进了皮肤新陈代谢，使肌肤永葆光彩，真可谓跳一跳，十年少。再者，跳广场舞可以结交朋友，彰显个性，展示自我，生活也会更加丰富多彩。

说到做到，钟瑶虹购买了音响设备。一开始，她的手脚不听使唤，动作也不协调，便独自一人在广场上跳舞。在家则对着电脑，一个动作一个动作反反复复地练，很快就学会了十几个最新流行的广场舞式。钟瑶虹在广场上见人就热情地邀请其参加，有了不小收获。对广场舞有着同样热情的农村信用社员工黄秋玲找到了钟瑶虹，当晚两个同道人就在广场上谈论起快乐操的

钟瑶虹率领的“快乐舞蹈健身队”

未来。钟瑶虹说：“没有钱，但依然有人和你一块跳舞，是一件非常让人幸福的事情。”渐渐地，其他人被她的快乐操带来的欢快所感染，“粉丝”也由一个人增加到9个人。

2011年，快乐操的9个人想在东澳镇军坡节期间上台表演。面对上台表演需要一定知名度的要求，钟瑶虹带着她的还没有名气的快乐舞蹈健身队反复争取，使组织者被她们的执着所感动，终于得到了来之不易的机会。初出茅庐的健身队使出浑身解数，获得了全场观众的喝彩。

钟瑶虹向往着更广的舞台，但此时依然缺乏经费，捉襟见肘。面对困境，作为队长的钟瑶虹和另一个负责人黄秋玲坚持带队参与比赛、演出，自掏腰包支付服装、化妆、吃住、路费等费用。钟瑶虹带着团队在猎猎秋风中宣誓：

快乐舞蹈健身队获奖时的合影

“我们一定要舞出海南，舞出万宁广场舞的骄傲！”

随着万宁市政府大力支持广场舞等文娱活动，钟瑶虹和她的伙伴们有了脱颖而出的机会。2012年，快乐舞蹈健身队参加“幸福万宁广场舞”比赛，荣获二等奖。队员们有了底气，也明白一分耕耘，一分收获。队伍也由开始的9个人发展到20多人，最多的时候达到80人。钟瑶虹深知一个道理：“实现自己的梦想，就要靠200%的努力和无限的激情。快乐舞蹈健身队的梦，就是让更多的人享受快乐健身。”

筑梦是一次艰苦的旅程。钟瑶虹的队伍自2011年成立，只要不出现下雨等特殊状况，每天都会跳至少一个小时；临近比赛时，每晚都会排练到11点。

每天晚上，跳完舞，满身大汗的钟瑶虹洗完澡后还要面对电脑学习各种

钟瑶虹舞蹈动作照

编舞教程，边看边用笔记本录下来，电脑和手机里存的都是学习视频。去外面比赛，钟瑶虹会主动跟其他舞队交流，总结反思，取长补短。钟瑶虹意识到好的舞蹈创意都是来源于生活，每次外出比赛完后，她都会带着队员们出去采风，尤其在少数民族地区，更会向黎族等群众取经。2013年，在海南文化厅的带领下，快乐舞蹈健身队曾去广州和香港交流，扩大了自身编舞创意的来源。

好的舞蹈必须配上动听的音乐才能真正打动观众。由于要上班，钟瑶虹经常利用睡觉前、洗脸刷牙、上班路上等空余时间听音乐，甚至把耳朵都听疼了。她说："音乐要听到成百上千遍，要让音乐的每分每秒都回荡在脑海里，要清楚每个音乐的节奏是四个八拍，还是两个八拍，这样编舞后，观众就会看到舞蹈与音乐紧密结合的精彩效果。

作为完美主义者的钟瑶虹，对细节极其挑剔。钟瑶虹为快乐舞蹈健身队建立了微信群，她和队员们会把从网上下载的服装图片发到群里，演出排练时就会结合舞蹈本身的特点加以研究，找服装设计师重新打造。在排练舞蹈《篮球宝贝》的菱形队形时，大家在广场上曾就队形问题展开激烈争论，事后在微信群旦再道歉。钟瑶虹在纸上画出队形并上传到群里，赋予每一位队员因不同的舞蹈角色不同的表情与发型。

"快乐健身队的每一次成功的表演，我们都在背后付出了200%的努力。"钟瑶虹说。她的丈夫透露，每次排练完，钟瑶虹的嗓子都讲不出话，出现扁桃体发炎和呼吸道感染，他都跟着难受。为了不让丈夫担心，钟瑶虹悄悄地去医院做了摘除扁桃体的手术。她的丈夫记得刚开始出来跳舞时，钟瑶虹只能怀着歉疚让老公照顾不满1岁的宝宝，请父母帮忙做饭。

功夫不负有心人。2013年、2014年连续两年参加全国原创健身舞比赛，快乐舞蹈健身队都获得了一等奖。钟瑶虹说："自己跳舞是半路出家，而整个队伍的梦想也是在一次次的挫折中逐渐清晰起来的，这一成就来之不易。""成功的背后是一个对梦想近乎疯子般的坚守。"

展望未来，快乐舞蹈健身队在训练的时候开玩笑说要上春晚。钟瑶虹希望获得政府支持，继续参加全国性的广场舞比赛，继续追逐梦想，释放心中激情，给更多的人带去欢乐。

林香：南桥黎寨飞出百灵鸟

万宁南桥镇人林香从小就在音乐中找到了精神寄托，展露出天赋。面对困难，她付出了比别人更多的努力，终于在大学深造后走向人生的音乐之路，成为一名歌唱家。如一只百灵鸟，林香用优美的歌声装饰着自己的梦。

从黎寨出发到放声海南，直至全国范围内屡获殊荣，如一只歌喉婉转、嘹亮的百灵鸟，万宁人林香在音乐道路上砥砺前行，音乐是她不变的底色，装饰着她的梦。

林香是万宁市南桥镇高龙区黎寨后沟村人，起初就读于高龙小学，后转到南桥镇中心小学，初中考上公费的万宁民族中学。小时候因家里光景不好，林香三姐妹上学的时候都是从家里带大米、腌菜去学校。

家里经济不景气，林香的校园生活也过得不是很如意。初中时，台风肆虐，家里的房子被刮倒，田里的稻谷打蔫了，一家子闷坐愁城，父母思忖着全家的开销，孩子们下周的生活费恐怕又没着落了。

在物质匮乏的学生时代，遭遇到挫折的时候，音乐成为林香排遣苦闷心情的良药。听听学校广播里播放的音乐或是自己哼上几句，林香的心情便会变好许多。

音乐成了林香的精神支柱。她想起音乐，仿佛就看到电影《肖申克的救赎》里正在劳作的人们听到空中传来的音乐时，纷纷放下手头的活儿，沉醉其中，干涸的内心犹如注入一泓清泉，得到了滋润，感受到了美好。那时候，邓丽君、彭丽媛、李谷一是风靡校园的歌星，她们的歌给了林香最初的启蒙。回忆起中学时代，林香印象最深的是学校广播里播放的《每当我轻轻走过你

林香艺术照

林香在全国少数民族邀请赛中获奖

窗前》。

做功课累了，就翻翻抄歌本，唱几首歌，对林香来说，这是很好的放松方式。当时录音机和磁带都是很稀罕的物件，随时随地听音乐是很奢侈的事情，林香只能在学校广播里播放歌曲时将歌词记在本子上，闲暇时拿来翻唱。而谁的本子上要是有当下流行的歌曲，就会成为走俏的“小红本”，被很多人借去抄写。正是凭着对音乐的热爱，在“咿咿呀呀”的哼唱陪伴中，林香走过了清冷的青春期。

在学校时，林香得到了许多老师的栽培，尤其是朱少能校长和如今担任市文联主席的陈山伯。老师们认为，林香有着极高的音乐天赋，对音乐十分敏感，只要听过一两遍，就能熟悉歌曲的旋律。林香没有辜负这份天赋，几

林香正在演唱歌曲

乎把所有的闲暇时间都用来练歌。那时，她不光在教室里浅吟低唱、与同学们对歌，回到宿舍，她也会和爱唱歌的舍友放声高歌。

到了上台的时刻，这位从山村里走出来的女孩难免羞涩胆小，一上台就发蒙，镁光灯一照在身上就手足无措。为了克服“上台恐惧症”，老师们教给她一个方法，单独一人的时候对着墙壁练习。就是通过这样一遍又一遍的“面壁”苦练，林香很快战胜了自卑，自信地走上了舞台。

热爱音乐到了痴迷程度的林香终于迎来了崭露头角的机会，在高中最后一个学期，她参加了万宁市委宣传部举办的一个晚会，演唱的曲目是李谷一的《难忘今宵》，虽然有些怯场，但还是获得了一等奖。

启蒙老师带“入门”，而真正使林香的音乐修养得到大幅度提升的是中国

林香艺术照

音乐学院著名声乐教育家、研究生及博士生导师邹文琴教授。

1995年，林香以优异的成绩顺利考取了中国音乐学院声乐系，得以在音乐的高等学府里学习深造，但对从未接受过正规音乐培训的林香来说，也是一个大挑战。她觉得身边的同学都有着明星般的面孔、歌唱家般的水平，而自己是从山沟里出来的，有种望尘莫及的无助感。

刚进入大学的林香在选择导师的时候也思量过，难于抉择，摆在面前的有两大名师，一位是赫赫有名的金铁霖老师，彭丽媛、宋祖英都曾是他的学生；另一位是邹文琴教授。相比之下，邹文琴教授有个特点，善于从基础教起，为人善良，学识渊博，林香最终选择了后者，因为她明白自己是"几斤几两"："本来是一张白纸，就需要这样的老师，要学就学真本事。"

舞台上的林香

半年时间一晃而过，经过邹文琴教授的悉心指导，林香的专业技能飞快上升，音乐天资被一点点挖掘出来，信心也逐日建立。大学几年的音乐时光，成为她生命中最开心、最充实的日子。

考虑到自己专业基础差，林香花了比别人多几倍的时间来学习。就是周末，她也是一有空就往琴房里钻。大学时代的刻苦钻研，使林香很快脱颖而出。大一时，林香参加了海南省青年歌手电视大奖赛，获得民族唱法一等奖。这个奖让林香的父母和乡亲们倍感自豪，也成为林香投身音乐事业之路的开始。

宝剑锋从磨砺出，梅花香自苦寒来。随后，羽翼渐丰的林香开始了鲜花相伴的音乐之路。从1997年至2013年，她先后获得全国少数民族声乐大赛

"孔雀杯"演唱奖、全国青年歌手电视大奖赛海南赛区第一名、全国公安部系统"红歌会"优秀奖、海南省少数民族文艺汇演一等奖、全国少数民族声乐大赛"孔雀杯"优秀奖、全国少数民族新人新歌"金骏马奖"。不断获奖的林香，如今已是公安部文联会员，海南省音乐家协会会员，海口市音乐家理事，可谓功成名就。

她还有一个更在意的身份：海南省边防总队文工团青年独唱演员。自小就痴迷音乐的林香，对部队有着一种特殊的情感。小学、中学时，校园广播里播出的军歌，林香总是百听不厌，模仿起来惟妙惟肖。这份热爱让林香后来成功进入了海南省边防总队文工团，成为一名独唱演员。

当兵后，林香把这份热情化作了行动，多方收集官兵喜爱和传唱的部队歌曲。下基层，到哨所，给官兵们演唱，总少不了她的身影。这份坚持和执着终于在2013年年底结下了硕果，林香首张个人演唱专辑《我爱我的祖国》成功发行，专辑收录了12首歌曲，《织锦歌》、《黎家心花开》、《海南恋歌》、《海南姑娘》、《请到天涯海角来》等几首海南特色民歌位列其中。

10多年的演唱生涯，林香一刻也没有停歇，参加的大大小小的演出达1000余场，电视播出26余场，全国直播、转播10余场。第7届海南春节联欢晚会、海南一年一度的"三月三"大型晚会、五四青年节、海南双拥晚会、抗震救灾募捐晚会等，重大节日及活动演出，林香一个也没有漏过。

如一只百灵鸟，林香在人生之路上终于放出美丽的歌声，音乐是她不变的底色，装饰着她的梦。

祁嫚腊：琼剧舞台上的天才少年

万宁市大茂镇的小女孩祁嫚腊是琼剧表演的天才少年，她6岁学戏，7岁登台，一唱就是10多年。曾获2011“中国小音乐家评比活动”金奖，被授予“小音乐家”荣誉称号；代表中国少儿戏曲表演最高水平的“第十七届中国少儿戏曲小梅花荟萃”总决赛金奖。

说到海南的琼剧，许多人都认为那是中老年人消遣娱乐的“专属品”，与年轻一代关系不大。但是在万宁市大茂镇有这样一个小女孩，她深深痴迷于琼剧的独特魅力，从6岁开始学戏，7岁登台，一唱就是10多年。

这份执着让她在琼剧界闯下了不小的名气，并多次获得全国性戏曲表演大奖，如2011“中国小音乐家评比活动”金奖，被授予“小音乐家”荣誉称号；2013年“第十七届中国少儿戏曲小梅花荟萃”总决赛金奖，后者代表了中国少儿戏曲表演的最高水平。这位为了梦想而一直坚守的小女孩就是祁嫚腊。

小学二年级的时候，祁嫚腊就有当明星的梦想。偶然的一次从电视上看到琼剧优美的表演，听到动听的唱腔，她突然痴迷上了琼剧，暗下决心要上台表演。

没有服装，她就拿着被子在床上偷偷地舞来舞去，不料被父亲逮个正着，被骂了一顿。但这并没有让她放弃登台表演的念头，反而越来越“出格”。看到家里的窗帘很像戏服里的裙子，祁嫚腊就把窗帘拆下来，自己剪，自己缝，动手制作了人生中的第一件“戏服”，还把母亲的防晒衣戴在头上，煞有介事地表演起来。

痴迷琼剧的祁嫚腊，小时候闹出过不少笑话。看到剧中的女子都是长

祁嫚腊获得的奖章

发及腰，自己却是小短发，她开始担心自己是不是就不能登台演出了，而且这种担心持续了好长时间。直到第一次参加演出，别人给她带上假发，她瞬间明白了，高兴地笑起来。

对祁嫚腊爱好琼戏，开始时父亲完全不能理解，认为这是不务正业，浪费光阴，小孩子就应该好好用功读书。还好，母亲对她的爱好挺支持，带着她去各地拜师学艺，帮她打下了扎实的演唱基本功。

爱好是最好的老师，学习琼剧一年的祁嫚腊，7 岁首次登台就展现出惊人的表演天赋。当年参加万宁市“中国移动杯”业余琼剧唱腔比赛，面孔稚嫩的祁嫚腊获得了少年组第一名，此事轰动了整个万宁，当地的戏迷也记住了这个痴迷琼剧的小女孩。

身着戏装的祁嫚腊

祁嫚腊荣获2011“中国小音乐家评选活动”金奖，被授予“小音乐家”荣誉称号

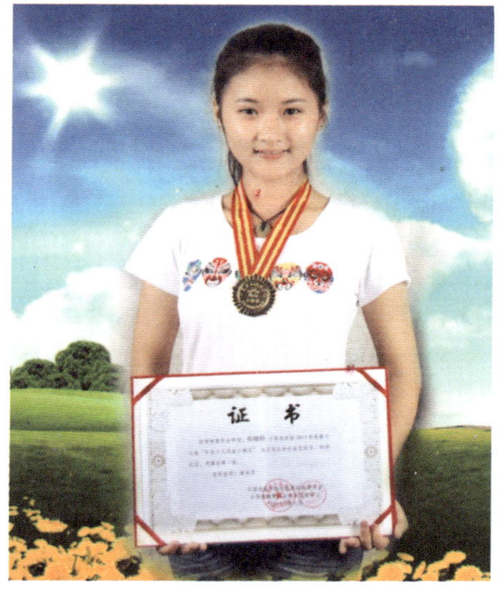

2013年，祁嫚腊荣获“第十七届中国少儿戏曲小梅花荟萃”总决赛金奖

为实现自己的琼戏表演梦，祁嫚腊从7岁读三年级起，每天凌晨4点钟就起床练习，风雨无阻。住在学校的她每天早上都要从管理宿舍的阿姨那儿拿钥匙，自己到声乐室对着镜子一遍遍地练习唱腔、排场和动作招式。

“名师出高徒”。不久后，祁嫚腊遇到了自己的名师。9岁那年，母亲带着她到海口拜琼剧著名花旦、国家一级演员黄庆萍为师，得到了悉心调教。老师一天教10个基本动作，让她一天就要学会。祁嫚腊没有让老师失望，不仅成为了她的得意门生，而且闯出了大名堂，获得2011“中国小音乐家评比活动”金奖，被授予“小音乐家”荣誉称号；2013年，她参加代表中国少儿戏曲表演最高水平的“第十七届中国少儿戏曲小梅花荟

登台表演的祁曼腊

萃”总决赛，同样获得金奖。

祁嫚腊并不满足于只学琼剧，她还把自己的空闲时间花在了学琴和唱歌上，一学就是6年。

痴迷琼剧让祁嫚腊收获了荣誉，但爱好与现实的背离也让她倍感压力。她曾经还把自己的空闲时间花在学琴和唱歌上，没想到多才多艺却成

了她的烦恼。之前一直支持她的母亲第一次希望她把琼戏当做业余爱好，希望她以文艺生考取大学声乐专业，这意味着她只能渐渐放弃自己喜爱的琼戏。

“唱戏让我很轻松，唱歌却让我感到很辛苦。”这是她谈起人生目标时讲的最多的一句话。祁嫚腊说：“唱琼戏是我最大的梦想，我想当一个像黄庆萍老师那样的人，做一个善良、慈祥、有影响力的人，能为海南琼戏发展做出自己的努力。”

罗玉琼：万宁大妈的『舞林秘笈』

罗玉琼是一位万宁广场舞“大妈”。热爱广场舞的她，组建了自己的舞蹈队，并通过孜孜不倦的艺术追求，以55岁“高龄”率队勇夺全国广场舞决赛两大奖项，她的人生舞出了精彩，也舞出了万宁群众娱乐的精魂。

15年拉活一支队伍，以55岁“高龄”带领一群万宁“大妈”勇夺全国广场舞决赛两大奖项，罗玉琼的生命在晚年前绽放出了最耀眼的光芒，舞出了万宁群众娱乐的精魂，成为万宁“夕阳红”中最红的一抹。

罗玉琼的广场舞之路起源于一次治病。2000年，38岁的罗玉琼由于神经衰弱，去海口看病。期间，她遇到了正在海南省文艺馆推广健身操的教师窦丽丽，发现练舞感觉很舒服后，就认真地跟窦老师学习健身舞蹈。窦丽丽看到她对学舞投入的热情，很重视对她的教导，后来又把一套珍贵的健身操光碟低价卖给她。

回到万宁后，罗玉琼将光碟里的10支健身舞蹈一支支学下来，又尝试在烈士陵园里教来自各单位和小区的中老年女性舞蹈爱好者。效果出乎意料，许多人都乐意跟她学习，在市委工作的几位女性还特意邀请罗玉琼到市委去教她们跳，随后其他单位也邀请了她，罗玉琼的跟随者也从开始的几个人逐渐扩展到市里的各个单位。

在一起学习健身操的人越来越多，渐渐地，就形成了一支相对固定的队伍。2003年8月，罗玉琼受聘担任万宁市老体协广场健身操工委主任、主教练。2011年12月，她受聘担任万宁市老年大学艺术团副团长、广场健身操培训基地主教练。在罗玉琼的带领下，这个老年艺术团经历新旧更

罗玉琼（前排中）与艺术团的团员们合影

替，形成了22人的固定队伍。

善于带好队伍是罗玉琼的“舞林秘笈”之一，但这可不是一件简单的事。尽管面对的是中老年“大妈”，但罗玉琼依然严格要求，因此她享有“魔鬼教练”的称号。平时训练，她要求队员们早上8点到场，迟到一分钟都不行。她说：“大家都是五六十岁的人，如果不严格要求，就会更加懒懒散散，成不了一个团队。”在她的要求下，队员们除了红白喜事，基本上都不能请假。家里有孙子的，请老伴带；有喜宴的，托人带红包过去。训练之前都要先走一遍军步，严明纪律氛围。有一次，为备战在陵水举办的全国广场舞大赛，尽管下起了大暴雨，在罗玉琼的要求下，队员们都打

动作优美的广场舞

艺术团获得的荣誉奖状和奖杯

着雨伞、穿着雨靴跑过来参加训练。

罗玉琼的言传身教也感染了队员们。外号“铁人队长”的阎庆梅在参加全国广场舞比赛之前发现自己得了胆结石，别人劝她先退下来养病，带队的事由其他人顶上，但她坚决不答应，坚持参加完比赛再去医院。

罗玉琼的另一套“舞林秘笈”体现在舞美设计上。尽管都是“大妈”，她主张整个舞队也要体现出时尚感来。她不落潮流地运用现代科技，用智能手机把舞蹈服装的照片存储起来，看到好的设计就跟队员们分享，跟她们天天微信互 Call。她自己也学会了设计时尚的服装，成功地把一群“大妈”打造成了“时尚女魔头”。

不光是时尚，万宁老年大学艺术团的舞蹈动作设计也是经过反复推敲，力求科学。有一次艺术团要表演健身球，罗玉琼要求队员们每一个甩起打在身上的动作都要对应髋部、虎口、后背等穴位。罗玉琼说：“比赛的标准不光是要动作漂亮，还要以健身操健身的科学性、健身性为根本，这才是制胜的秘诀。”

有了几套“秘笈”，罗玉琼带领的万宁市老年大学艺术团勇夺2015年全国广场舞决赛自选套路特等奖、最佳风采奖两项殊荣，多年的付出终于得到最甘美的回报，也让她的人生最终舞出了精彩。她希望有更多的包括男性在内的中老年人加入这支队伍，少一个老年人独居家里或围在麻将桌旁，就多了一个健康的老年人，就少了一份国家的负担。

健康的夕阳最红、最美丽！

曾祥亮：用咖啡机去战斗

兴隆咖啡是万宁的骄傲。万宁小伙曾祥亮勇于追随内心，刻苦钻研，成为一名出色的咖啡师，并积极宣传家乡的咖啡文化。一个磨豆机、一个滤斗、一个分享杯、一个冲煮壶和一片滤纸，仿佛都化作了他手中的战斗武器，还原出咖啡最质朴的存在。

“认真对待每一杯咖啡”是万宁小伙曾祥亮的座右铭，更是一种对咖啡说不清、道不明的情愫。

初识咖啡　有一缕咖啡悠香

万宁特别是兴隆有着悠久的咖啡文化，在兴隆的街头，我们随处可见人们喝着用传统方式冲泡出来的咖啡。然而随着经济的发展，更多的年轻人喜欢前往咖啡馆，喝着咖啡师特制的咖啡，和朋友谈天说地。

打小在万宁生活的曾祥亮，自幼对兴隆咖啡耳濡目染，从事咖啡行业将近10年，如今是海南咖维斯国际精品咖啡学院的一名咖啡师。

儿时的曾祥亮最开心的事莫过于跟随父亲、爷爷去兴隆赶集，到热闹、新鲜的集市上游玩，因为石梅村离兴隆镇墟较近。也是在那时，曾祥亮第一次接触到兴隆老咖街浓郁的咖啡文化。兴隆当地人的早餐，最经典的搭配是“咖啡加油条”，典型的中西结合，完败“豆浆加油条”的刻板搭配。咖啡在兴隆本地俗称“歌碧欧”，“小妹，来一杯‘歌碧欧’”的叫声在兴隆街头巷尾的咖啡店里此起彼伏。

或许上天早已注定了曾祥亮与咖啡的情缘，每每看到这样的市井场

曾祥亮正在认真学习

面，都让他莫名地兴奋，犹如喝了三四杯咖啡。

除了在兴隆农贸市场附近的茶店喝咖啡，兴隆的一家“温馨屋”咖啡店是曾祥亮孩提时代最喜欢去的地方，“瓦西里”品咖啡则留下了他高中时的足迹。

大人们在家里也依样画葫芦，冲泡咖啡配早点，尤其是寒冷的冬天，一杯香气氤氲的兴隆咖啡配上5毛钱4个的小馒头，这成了上小学的曾祥亮的固定早餐搭配。“喝完热气腾腾的咖啡，便精神抖擞地上学去。”曾祥亮深情地回忆道。

咖维斯国际精品咖啡学院一隅

获奖证书

SIPHO
上岛·福山杯

曾祥亮 先生/女士：

在首届海南上岛·福山杯虹吸式咖啡师大赛中表现优异，荣获比赛最佳创意咖啡奖。

特发此证，以资鼓励！

海南省咖啡行业协会　台北精品咖啡商业发展协会

2011年11月12日

曾祥亮在首届海南上岛·福山杯虹吸式咖啡师大赛中荣获“最佳创意咖啡奖”

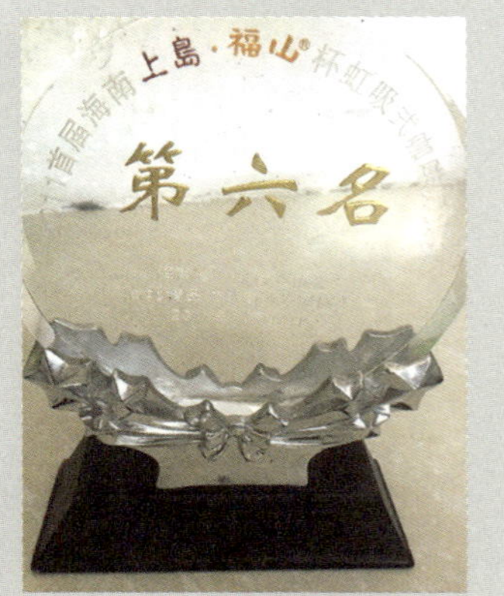

曾祥亮在首届海南上岛·福山杯虹吸式咖啡师大赛中荣获第六名

中远博鳌有限公司
Boao Cosco Co. Ltd.

BFA HOTEL

荣誉证书
CERTIFICATE

兹证明
This is to certify that

曾祥亮

参加了
graciously donated services to the

2015 BOAO FORUM FOR ASIA

年会接待服务工作，并获得“优秀服务”奖
Annual Conference and is awarded an Outstanding Service Commendation

博鳌亚洲论坛大酒店
2015年3月30日

曾祥亮在博鳌亚洲论坛2015年年会荣获“优秀服务”奖

结缘咖啡　用咖啡机去战斗

2006年，曾祥亮从万宁中学高中毕业，不久就踏上了前往广州打工的班车。在广州，曾祥亮惊喜地发现原来品尝咖啡可以这么优雅。从咖啡师冲调到客人饮用，从未见过的冲泡设备、仪器、烘焙咖啡豆的火候、花式咖啡拉花技巧、有情调的环境，这一切都深深吸引了曾祥亮。机缘巧合，经一位在咖啡馆工作的朋友推荐，曾祥亮在一个咖啡店当了学徒，就此与咖啡结下了不解之缘。

2007年，恋家的曾祥亮回到了海口。那时海口的咖啡行业正处于萌芽阶段，有了一年咖啡学徒经验的曾祥亮先后在海口赛仑吉地大酒店、锦鸿花园酒店里做咖啡师。

都说爱好是最好的老师，这话在曾祥亮的身上得到了验证。工作间隙，不满足于现有咖啡冲泡技艺的曾祥亮，常常通过网络视频、书籍自学，从早到晚在咖啡机前练手。一个磨豆机、一个滤斗、一个分享杯、一个冲煮壶和一片滤纸，仿佛都化作了他手中的战斗武器，第一次注水萃取，第二次注水萃取，直至将咖啡中最精华的部分冲煮出来，还原出咖啡中最质朴的存在。

不停地倒腾，曾祥亮的咖啡冲泡技艺高人一筹，成功地获得了欧洲SCAE一级咖啡师证书。2011年，在首届海南上岛·福山杯虹吸式咖啡师大赛中，曾祥亮荣获“最佳创意咖啡师奖”及第六名的荣誉，并在博鳌亚洲论坛2015年年会荣获“优秀服务奖”。

如今，曾祥亮是海南咖维斯国际精品咖啡学院的教务主任，不仅给客人冲泡咖啡，也会给爱好咖啡的学员们授课。授课中，曾祥亮总是不厌其

曾祥亮正在制作咖啡

烦地向学员们讲解兴隆咖啡的独特之处。在他看来，全国大大小小的城市，但像兴隆这样一个小城镇，能够有这么大的咖啡消费能力，“在全国范围来看那是少之又少”。

迷醉咖啡　难忘兴隆咖啡香

当上咖啡师的曾祥亮，每天上班都要在烘焙室烘焙咖啡青豆，耐心地看着火候，闻着咖啡豆逐渐散发出的香味。“这时自己的情绪似乎也在酝酿、发酵，整个人的精神都为之一振，感到充实、快乐。”

专注地冲煮咖啡，为客人成功地拉出一杯花式咖啡，是曾祥亮最快乐的时刻。随着温度适中的奶泡被他倒入浓缩的咖啡中，悠然自得地晃动咖啡杯，一个白色的精美图案绽放在芳香四溢的咖啡上。

城市中的很多白领小资一族在工作之余会来店里品咂咖啡，曾祥亮会冲泡有着美丽传说的“爱尔兰咖啡”、“埃塞俄比亚”冰滴为工作上遇到不顺心的人们扫除情绪的阴霾。

曾祥亮对兴隆的咖啡有着自己的独到见解。他认为兴隆喝咖啡的人口众多，人均消费水平位居全国前列，这是印尼归侨文化带给兴隆的一种独特文化。

曾祥亮说：“充当早餐角色的兴隆咖啡，最大的特点是方便、快捷。虽然兴隆咖啡醇香浓郁、苦而不涩、回味厚实，但是咖啡因成分多，传统的法压壶冲泡方法需要改良。采用虹吸壶等现代冲泡方式，才能得到更多年轻人的喜欢。”“我们应该借助周恩来总理当年视察兴隆农场对这里咖啡的赞扬、兴隆归侨种植咖啡发展生产等这些历史，让兴隆咖啡走

咖啡上的精美图案

出困境。”

曾祥亮介绍说，首届虹吸式咖啡师大赛“最佳创意咖啡奖”的“创意”是体现在他将绿茶、蜂蜜混进咖啡，以低温萃取原理进行冲泡。说起自己的愿望，曾祥亮说：“希望把兴隆的咖啡文化传播出去，让更多的人了解兴隆咖啡，也期待通过自己的努力让兴隆咖啡透过传统绽放出创新的浓香。”

魏家喜：传承书法文化　助力书法之乡

享有“海南第一山”美誉的万宁东山岭有海南最大的摩崖石刻群，从古至今留下了不少文人墨宝，见证了万宁书法艺术的源远流长。作为“中国书法之乡”，万宁走出了不少书法名家。自幼在东山岭脚下长大的魏家喜，自然有更多的机会登临摩崖之间，博采众长，不断临摹，师古不泥，自成一家。

年关岁末，春节的步伐越来越近，作为我国的传统，贴春联是人们新年祈福、辞旧迎新的一种方式。逢年过节，找魏家喜书写春联的人络绎不绝，这也是对他的书法艺术的一种认可。

魏家喜，笔名沙鸥，号醉墨，海南省万宁人。万宁市书法家协会主席，海南省书法家协会理事，海口市书法家协会顾问，海南省根雕文化艺术协会秘书长，中国书法家协会会员，中国保险大学海南省分校校长，海南省孔子学会副会长，万宁市孔子学会会长。

受父亲的影响，魏家喜从7岁开始就接触书法，但因家境贫寒，练习书法的环境特别差，但是对书法持有执念的魏家喜孜孜追求，终有所获。

享有“海南第一山”的东山岭上留存有许多墨宝，是海南最大的摩崖石刻群。魏家喜小时候住在东山岭脚下，经常接触东山岭的摩崖石刻，这些书法艺术对他的影响十分深远。徜徉在东山岭的摩崖石刻群之间，感受文人墨客在东山岭百方硕石上留下的诗词题句，隶、楷、行、草四体字各见章法，积淀而成摩崖石刻群。其石刻之多、书艺之高、历史之久，称得上是一部书法艺术全书。

魏家喜热衷于书法艺术的研究和探索，注重深入生活、感悟人生，师古不泥，博采众家。书法精练，线条丰润且刚柔相济，富有很强的韵律感，

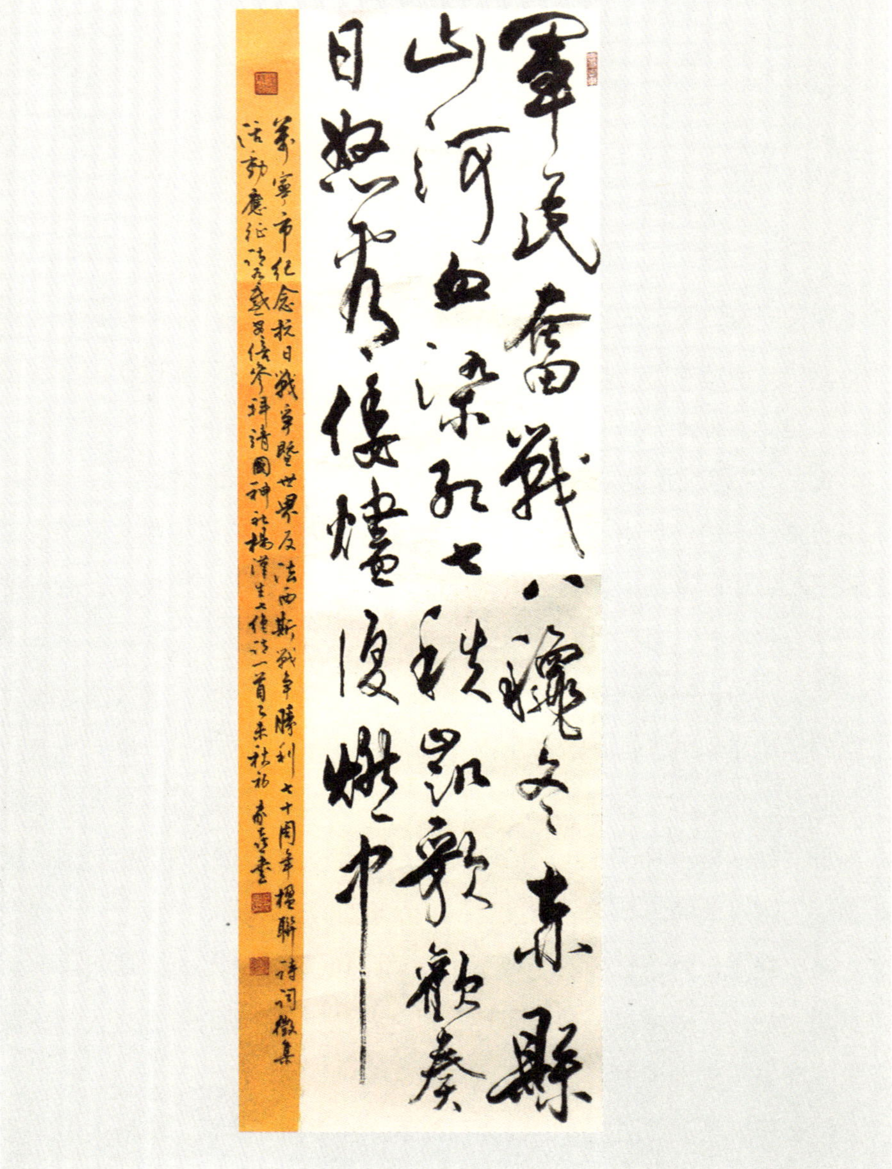

魏家喜书法作品

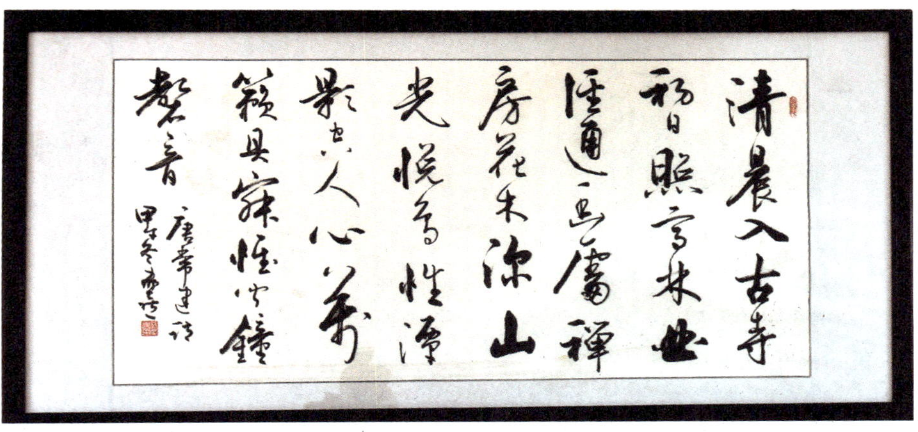

魏家喜书法作品

注重传统与个性的和谐统一，凸现了其对书法艺术宽博壮阔的审美意象的准确把握和深入理解。

2013年，万宁市开始创建书法之乡，魏家喜和万宁籍的书法家们为之奔走。据了解，万宁市是海南省第三个申创“中国书法之乡”的市县，此前已有文昌、儋州两市提出申请。“中国书法之乡”是中国书法家协会考核命名的一个全国性的文化品牌，目前仅有30多个县（市）、区获此殊荣。

经过多年的历练，魏家喜的书画作品得到了大家的认可。成绩有了，魏家喜也显示出了一个书画大家的风范，每年春节期间，他都深入基层，为群众义务书写春联，为他们送去新春的祝福，得到了广大群众的认可与好评。

魏家喜不仅为群众送春联，也常常受邀出席各类活动，挥毫题词。

魏家喜义务为群众书写春联

2015年12月10日下午，“2015三亚文化产业博览会”在三亚开幕，万宁市组织10余家文化企业参展。魏家喜在万宁展馆送“福”，只要在万宁展馆现场扫万宁发布厅二维码，即可获得万宁书法家现场挥墨写的一张”福“字，此活动吸引许多参展商和观展者纷纷“扫一扫”。由于“福”字大受欢迎，领“福”字的人围得水泄不通，魏家喜在现场忙不迭挥墨的同时，挥汗如雨，虽然累，但内心是甜滋滋的。当天，从万宁带过来的用于写“福”字的红色春联纸都用完了，可想而知魏家喜先生的书法和送“福”字活动的火爆程度了。印章中的“福”字来源于东山岭摩崖石刻的“福地”，具有“福积如山、福如东山”的美好寓意。在2016年5月9日举行的万宁

魏家喜为海军士兵讲解书法技法

市烹饪餐饮行业协会第一届全体会员代表大会暨烹饪餐饮行业协会揭牌仪式上，万宁本土书法家魏家喜在现场为协会挥毫题词“食在万宁”，赢得一片喝彩。

2016年1月23日，万宁市书法家协会召开第三届会员代表大会，魏家喜当选市书协新一届主席。魏家喜迎来了书法生涯的一个新起点，他励志再为万宁市书法之乡的建设做出新的贡献。

魏家喜的作品曾参加全国第四届职工书法作品展、全国第三届刻字艺术展、中国职工画廊书画展和海南省历届书画展，获全国第四届职工书法作品三等奖。作品及个人传略收入《世界华人文学艺术界名人录》、《海

魏家喜国画作品

魏家喜国画作品

南省中青年书法作品选》、《海南省中青年五人书法作品选》。作品被日本、新加坡、新西兰等国家及中国香港、台湾地区的诸多收藏家和国家博物馆收藏。

05 千锤百炼　谱写华章

吴东民：师古不忘个性 笔墨当随时代

继承古人，不忘追求自己的个性，注重时代的审美，让自己的书风因时而变。坚守与求变，不在因循古法中迷失自我，享受这种通过线条的空间运动而产生出无穷变化的创作，得到的不仅是愉悦和幸福，更是展现其人生胸怀、迸发激情、激扬生命活力、磨练意志的乐趣。在此间，吴东民是快乐的，他同时享受着这种化古出新、自成一家的快乐。

自幼痴迷书法　初与“横竖”结缘

1956年9月，吴东民生于万宁一个普通而平凡的市民家庭。万宁书法文化源远流长，作品众多，有东山岭、小南山等15处书法石刻文化，东山岭上有历代文人墨客留下的众多墨宝，是海南最大的摩崖书法石刻群，也成了触动吴东民等万宁书家对书法艺术感兴趣的因缘。

还在上小学二年级时，吴东民无意间看见班上有位同学在临摹兄长们所藏的颜真卿《多宝塔碑》和苏东坡《寒食帖》，字体工整细致，结构规范严密，用笔一丝不苟，这些字好像瞬间有一股魔力在吸引着他，翻看之间，他便爱不释手，好说歹说，同学只答应借给他一天，捧回家中，不眠不休临摹了一天一夜。

自此，吴东民开始走上了学书的道路，每每得到一本碑帖，便如饥似渴，临池不辍。同时受长辈们的影响，使他在幼儿时期便得到了艺术的初始启蒙和熏陶，父辈对其较为严格的要求和训练，也为他今日守住传统而又能较好地把握自己的创作方向，并能把书画等艺术门类融会贯通，合而为一地打下了坚实的基础。

到后来下乡当知青、在基层工作期间，吴东民都没有放弃对书法艺

珠崖四季春濃天海碧藍幽
葱鬱五峰雄奇萬泉闊湧綠
色麗水瀑落青谿地瀑玉帶
魚游紅封醉雨之林羽鹿鳴
泉聲迷人霧神僊駐堪喜祥
雲飛渡牽來了環球鳳鷺風
驅萬里丹青千幅南天一柱
紅色文光黎苗韻綵僑鄉眉
宇翰南珠璀璨蕙蘭嬌妮煙
霞鋪路

張業琳水龍吟海南島詞 乙未東民

吴东民书法作品

术的追求和学习。特别是在大学求学和参加工作期间，他似乎终于寻找到了一方让自己成长的肥沃土壤，如饥似渴地吮吸着书法艺术的营养。也正是这段时间对他学书的道路产生了很大的影响，因为他发现了“宋四家”和王铎，“宋四家”的沉着飘逸，风流倜傥，王铎的跌宕起伏，万马奔腾，指挥若定，让他大有相见恨晚之感，从此奠定了他以“二王”为质，以“宋四家”为体的基本书风。

现在吴东民的创作欲望依旧十分强烈，几乎每天都会抽出充裕的时间进行创作，当灵感和激情迸发，颇有得意之作时，他总会觉得自己的生命和艺术一起进入了一种新的境界、一种新的生活。这是艺术赐予他的，也是艺术对他的关照，他认为有艺术的生命才是温润的，活跃的，是前进的，也是最美的。

师古不忘个性　笔墨当随时代

在艺术的“传统与发扬、继承与创造、时代与永恒”这些关系上，吴东民认为笔墨当随时代！他认为书法不光表现书家的内心世界，更应表现时代文化的精神风貌。书法须以突出个性为主，既要写出书家的思想个性，又要写出书家的书法个性。书家的书法个性来自于书法传统，但不完全等同于古人，要能化古出新，才叫个性。

吴东民的楷书取法颜柳、《龙门二十品》、《张猛龙碑》等，行草早年取法“二王”，隶书则是《石门》、《张迁》、《乙瑛》诸碑，这就是他对古人的继承，他守住了根本，其作品也因此常常表现出一种古典的凛然和浩然之气。他向往书法的那种传统儒家风范，让自己的书风既庄严古朴，又温和

吴东民书法作品

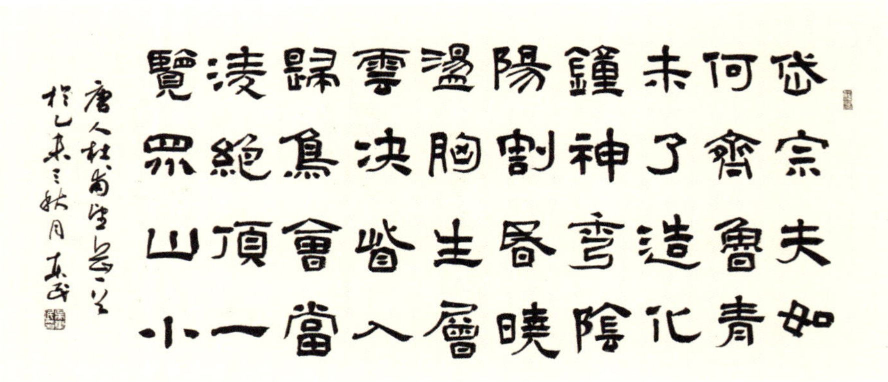

吴东民书法作品

敦厚。

继承是无止境的，当吴东民转而进入对“宋四家”、“明四家”和王铎的研习后，就把晋韵、宋意、明清之态反复演练，力求把自己对当下时代审美的理解和把握与各个时代的特征有机地结合起来，提取对个人风格形成的诸种有用因素。

这一时期，吴东民的创作风格较之以前有了很大的变化，线条和结体凝练、简洁、飞动，一改过去方正浑圆而为跳跃、移位，笔法也多加入了拖笔、摆笔和篆法用笔，墨法也由原来的只讲究浓、淡、干、枯而加入了涨墨、湿墨，笔势则更加豪迈洒脱。

有书家这样评价吴东民这一时期的书风：“‘神’与‘气’相互生成，互为因果，神生于笔墨之中，气生于笔墨之外，属气盛之作。气盛则势生，气势既出，其神情必具矣 …… 行笔提按顿挫，各尽变化；节奏舒缓疾涩，随势而动；滞处不迟，滑处不媚，这正是行草书线条的最佳表现形态。”这些评价正体现了吴东民的继承在一个书家艺术之路上“变法”的重要性。

吴东民认为继承不是唯一的，还应看到时代的审美要求，要创造，要有自己的时代个性，所以他始终认为继承首先是继承经典书法的“个性要求”这一中心内核，其次才是技法和审美。首先要求每一个书家都要在自己的作品里贯穿最鲜活的美学力量和哲学思想力度。所以在书写的内容和表现形式及对字势的处理上，他通常使用一种既对立，又统一的原则，追求欹正平直、宽窄相就、险夷互补。而在表现不同的内容和不同的书体时，则呈现出多姿多彩的不同面貌。结构与章法的起承转合，也快慢相随、高低相就、松紧合度、枯润有别、大小轻重咸宜。

令人可喜的是，吴东民近期的作品风格又有了一些新的变化，他开始更加注重个人风格中的一种审美关系，注重与我们时代的合拍，尽量地把现代性这一因素与自己的风格相契合，并运用这一因素进一步提高自己的创作水平。

艺术常伴春秋　人生更加饱满

在吴东民的生活中，他常常感受到书法是一件让他既痴迷，又幸福的事情，也是他一直追求的一种崇高的人生境界。他认为书法艺术是一种美妙的艺术，是人文精神与完美技法的有机统一，书法通过线条的空间运动而产生出无穷的变化，展现人的胸怀、激情、生命活力、意志和情趣。每每创作出令他颇为满意的艺术作品时，都会让其感受到愉悦和幸福。

常年笔墨相随、书卷相伴的文人式生活，正是吴东民渴求于这种精神愿望的实现，也正是他陶醉于这种对书法艺术爱的寄托，并在这个寄托中“苦苦地”享受乐趣，不断提高自己的人生境界，体现自己的人生价值。

吴东民认为人的一生，精神生活的重要性不亚于物质生活。何况书法是靠自己的学识修养“养”出来的，而不仅仅是靠玩弄技巧“练”出来的。书法家将自己较多的时间、精力、情感和爱诉诸于书房、案头及野外采风，以字法如画，以画法的理念充实书法创作，从而陶冶性情，修炼自己的知识学养、艺术修养、审美境界乃至人生境界；还可以摆脱一些不必要的寂寞、无聊的困扰，真正为社会、为人类创造一些有意义、有价值的艺术作品，不仅陶冶自己，同时给世人以艺术之爱，起到陶冶世人情操的作用。

书协长远规划　贵在薪火相承

海南书法家协会于1992年成立，虽然起步较晚，但建省后，全国各地的书法人才和本土的书法家人才梯队，再加上海南书法家协会老一辈的付出，经过这些年的共同努力，海南书法得到了较快的发展。

这些年来，在吴东民等书家的共同努力下，海南书法家协会结合当前的社会形势和当下文化艺术的需求，积极开展各种高质量、高水平的展览活动，组织书法进万家行动计划，在全省开展推荐并命名省“书法之乡、书法之村、书法校园”工作，全面、协调、有序地促进了海南书法事业的可持续发展。

在中国书法家协会举办的全国性各级各类书法展览中，海南共有近200件作品入选或获奖，10个市县获得全国先进基层，18名书法家被授予

吴东民挥毫题词

“优秀工作者”称号。文昌市、儋州市、万宁市先后被授予“中国书法之乡”荣誉称号，为营造文化氛围，传承中华书法艺术瑰宝，增强国际旅游岛文化内涵、打造独具魅力的海南文化打下了坚实的基础。

吴东民认为书法不但可以增强青少年对祖国文字的热爱，加深对中华传统文化的理解，还有利于青少年的艺术观察能力、领悟能力、审美鉴赏能力的提升，更有利于青少年的细心、耐心、恒心和优雅气质的养成。书法练习对青少年的思维能力、语言认知能力及意志力、耐力、毅力的提高与形成，都起着非常重要的作用。在青年书家的培育上，海南书法家协会开展了各种不同形式的教育培训、奖励制度及竞争机制，加强对新一代书家的培养，提高了青年书家的综合素质。

2011年10月，吴东民（右三）参加“书颂海南国际旅游岛 —— 中国当代书法名家作品展”开幕式

说起海南书法家协会今后的发展，吴东民的思路十分清晰：“我们将继续开展一系列形式多样、内容丰富、影响面广的书法活动，促进海南书法水平持续健康的发展。比如，一、紧密团结全省书法艺术家和书法爱好者，造就一支素质高、水平高、德艺双馨的书法艺术队伍。二、创作出一大批内涵丰富，具有鲜明个性和颇具时代特色的艺术精品；努力培养和造就鼎立于全国的书法名家，为海南争光。三、将尽快落实和制订海南书法发展的长远规划，使书协工作有目标、按计划、分步骤地朝着健康的方向发展，让海南书协的创作水平在较短的时间内得到质的飞跃。四、加强书法理论，采取以点带面的方法，逐步在海南各市、县铺开政府辅导网点，使理论创作和书法创作并驾齐驱。五、完善各专业机构的设置，使某个专业弱项迎头赶上，平衡发展。”

心系家乡发展　文化事业繁荣

吴东民十分感念家乡的父老乡亲一直惦记着他，如今，吴东民即使身在外地，也时刻关注着家乡万宁的文化动态，家乡的各项活动邀请他，他大多积极参与。

得知万宁市委、市政府要在规划的文体广场里建一座“东民艺术中心”，吴东民十分高兴，但他强调说，应该是“万宁艺术中心”，他愿意为此献上自己的绵薄之力，大方奉出其作品进行展示，并将他多年来收藏的全国名家优秀作品进行交流，甚至引进全国各地的文化品牌进行展出，做成万宁的文化艺术基地。这样广大观众可以一馆知天下，领略20世纪以来各个阶段代表性书画家的风采，又可借鉴国外书画家吸纳融汇的本领，满足家乡人民群众对文化艺术的精神需求，打造文化万宁，从而促使万宁当地书画艺术的繁荣。

吴东民说，近些年来，万宁认真贯彻落实科学发展观，全面推进经济、政治、文化、社会、生态文明和党的建设，并取得了长足的进步，先后荣获“中国槟榔之乡”、“中国长寿之乡”、“世界长寿之乡”等称号。“中国书法之乡”的申创成功，是万宁的又一张重要的城市名片，必将进一步提升万宁的知名度和美誉度。自2013年开展“中国书法之乡”创建活动以来，万宁举办了书法讲座、书法展览、义务写春联等活动，书法进机关、进社区、进乡村、进校园、进景点渐成风尚。目前，学习书法、传承书法之风盛行城乡，呈现出前所未有的热潮。

吴东民认为万宁应倍加珍惜“中国书法之乡”这块“国”字号的招牌，以“中国书法之乡”为新的起点，持之以恒地不断加强书法基础设施建设，加强书法基础教育，加强书法队伍建设，大力培养书法人才，推动万宁书法产业化发展，努力把万宁的文化事业推上新的台阶，为实现“绿色万宁、蓝色万宁、红色万宁、开放万宁、文化万宁、幸福万宁”的战略目标和建设滨海花园城市、打造清新度假胜地注入新的文化活力。

张磊：从万宁走出去的舆情专家

结合时代需求，为国家发展贡献自己的才智，万宁诞生了不少知名专家学者。凭着对公共安全的敏锐观察，万宁人张磊坚定地把自己的事业确定为网络舆情研究，成为这一新兴研究领域的佼佼者，同时他积极实践，为干部应对舆情做了卓有成效的培训工作，帮助政府打好舆情仗。

勤于动脑的万宁人善于在时代演变中见微知著，为国家奉献自己的力量。近些年来，随着网络媒体的兴起和发达，舆情应对越来越成为保障国家安全和国内公共安全的大学问，而在这门学问中已经可以看见万宁人活跃的身影，其中的杰出代表是国家行政学院应急管理教研部副教授张磊。

张磊是万宁东澳镇四维村人，光看村名，就知道这里十分崇文重教。《管子·牧民》中说："礼、义、廉、耻，国之四维，四维不张，国乃灭亡。"这是春秋时期管仲提出的治国之"四纲"。四维村人把这治国之"四纲"内化为治村之"四纲"，得益于这一背景，这里诞生了许多栋梁之才，张磊即是其中之一。

上高中之前，张磊都是在家乡万宁生活。家乡除了物美丰饶外，更重要的是对读书的推崇。小时候，张磊勤奋好学，以优异的成绩考入万宁重点中学——万宁中学。3年的初中时光，他如饥似渴，专心苦读，又以优异的成绩考上位于省会海口的重点高中——海南省国兴中学。3年后的2000年，张磊面临人生的一个重大抉择时刻，那就是高考填报志愿。

他没有单纯地从个人的角度考虑问题。"我们国家在快速发展的同时，社会上暴露出来的问题和矛盾也逐步增多，法治正成为中国面临的一个新的发展要求，外交事业也急需人才。"如今回忆起当初的选择，张磊说道。

2011年4月，张磊（前排右二）赴德国参加综合应急救援队伍建设培训时与学员们合影

经过一番深思熟虑，他在高考志愿栏里填写了“法学”和“外交学”。由于法学专业的分数要求过高，他被中国人民大学的外交学专业录取。

在人民大学，张磊一读就是10年，从本科读到硕士，再从硕士读到博士。学习外交学，使他对问题的思考更加宏观。改革开放30多年来，中国在世界和平稳定的大局里韬光养晦，迅速成长为一个世界大国，但是中国的国家安全和国内公共安全所面临的形势，没有容人懈怠的余地。2010年，带着对这一问题的持续思考和关注，张磊博士毕业，进入国家行政学院工作。

从张磊开始工作的2010年起，随着新媒体技术的发展与演进，互联网成为公众发表言论和表达意见的重要平台，尤其是在突发事件发生之

2015年10月，张磊（后排左二）赴法国考察应急管理体制时与考察人员合影

后，会迅速成为事件信息的传播渠道和公众意见的聚集地，同时也成为政府舆情压力的重要来源。张磊发现与这一形势不太相称的是，党和政府的不少领导干部对于新媒体兴起之后的舆情形态并不了解，常常出现一些回应不当，甚至是低级错误的现象。基于对这一现象的敏锐观察，张磊把研究方向转到了“网络舆情管理”领域，并积极参与对干部的培训。

通过深入的研究，张磊意识到网络舆情在本质上反映的还是民意，因此他主张关注、回应和依法解决群众的合法利益诉求才是化解舆情压力的根本之道。随着研究的不断深入，他觉得自己应该为这个领域做出贡献。“这个专业本身并不是很成熟，包括我自己在内，这个专业的很多人都是从其他领域转过来的。中国发展至今，太需要一个这样的专业来为国家公共安全事业的发展做一些学科基础上和干部培训上的铺垫。”

如今，张磊几乎每天都在跟各种突发事件打交道，线上线下，对各种发生的实际案例进行研究分析，一边学习，一边寻找解决问题的最佳方法，并用这些实际的经典案例对各级领导干部进行及时的培训，以提高干部们在应急状态下有效回应社会关注的问题和管理社会情绪的能力。

多年来的科研与实践，使年轻的张磊在舆情应对领域有了不小的建树。截止目前，他出版了一部专著《德国应急管理体系研究》；在《世界经济与政治》等国内外专业期刊上发表学术文章逾50篇；主持省部级课题7项、国际组织课题两项，参与国家级课题多项。获得国家行政学院优秀科研成果奖三等奖。所讲授的课程“突发事件网络舆情管理”被收录于中组部的“干部大讲堂”。

少年的成长岁月，使张磊对家乡万宁怀有深厚的感情。即使身在外地，也十分牵挂家乡的发展。近几年，由于工作的关系，他每年都会应邀回到家乡，对万宁的干部进行突发事件和网络舆情管理等方面的培训。经过培训，万宁的干部对突发事件和网络舆情的应对变得更加从容自信。

结合自己的人生经历，张磊有了自己对个人与时代、个人与家乡的理解。他在海边成长，带着对“海的那边”的憧憬，多了一股闯劲。作为“80后”，他与同时代的人更善于接受新文化、新思想，既适应时代，也在时代中慢慢成熟，留下印迹。“我的童年和少年时光基本上都是在万宁度过的，万宁的文化、风土、人情对我而言，就是我精神上最好的养料，万宁这方水土养育了我，把我塑造成现在的我。”

李文：千锤百炼造就特区铁兵

广东边防总队机动支队军事教练员、四级警士长李文，入伍13年，31次夺得总队军事比武个人单项第一。虽然仅有初中文化，他却能摘下全国边防大比武反恐战术手语的桂冠。他是广东唯一的全国“十大带兵模范”。“特区铁兵”是对他最恰当的赞誉。

李文入伍13年，31次夺得总队军事比武个人单项第一。他仅有初中文化，备战两个月，却摘得全国边防大比武临时新增科目——反恐战术手语的桂冠。他是手语奇兵，创新100多套战术手语。他参与支队、总队编撰训练教材31本，总结带兵经验、方法近300条，带出28名干部、51名省级军事比武冠军、410多名优秀带兵班长，转化后进兵25人。他是全国“十大带兵模范”，在广东是唯一的一位。他先后70多次完成缉私、缉毒重大任务，24次化险为夷，亲手抓捕嫌疑人81人，缴获各类毒品累计100公斤以上，11次不同程度负伤。

付出13年的努力与汗水，2014年，家在万宁和乐镇新田村的广东边防总队机动支队军事教练员、四级警士长李文被誉为“特区铁兵”。

新兵蜕变

李文可能有点军人情结，他的曾祖父是万宁市的第一位共产党员、红军战士，从小听着祖母讲曾祖父战斗的故事长大，儿时最向往的地方是驻扎在离家不远的海军部队。

带着这个情结，2001年12月，18岁的李文来到了广东边防，来到了位于深圳最高山峰梧桐山巅的广东边防总队第七支队十中队新兵连。

山路颠簸，山里僻静，初生牛犊的李文入伍之后问的第一个问题是："这里条件好差啊！怎么才能离开这里？""练好了就能被挑走。"班长很恼火地回答。

走出大山，逃离这个连队，成了新兵李文的第一个目标。实现这个目标，李文花了半年时间。扭转留给班长及整个连队的"孬兵"印象，李文也花了半年左右的时间。

新兵李文在别人眼里曾经有过"孬"的时刻。他是农村兵，初中文化，体型弱小，吃饭嫌馒头硬，天天盼着离开深山部队，对普通话甚至听不懂；怕摔下单杠不敢上杠，下斜坡怕跌倒不敢冲刺。5公里跑，李文跑步下30度斜坡时又减速了，在班长怒吼刺激及推拽下，李文不得不加速迈步下坡，然后"像发疯一样向山下大步冲刺"。从开始担心摔倒到横下心来大胆迈步，到下坡时疯跑的山风扑面，5公里跑，他拿了第5名。

自此，李文克服了担心摔倒疼痛的障碍，用一股狠劲，以新兵连考核第4名的成绩于2002年4月随班参加大队的会操，终于第一次走出了大山。

会操结束，回到了大山深处的李文终于有所顿悟。只有不断磨练，掌握更多更强的本领，参加更多的比赛，才能强大到足够光荣地离开大山。

深山里的中队磨练着新兵们。一趟5公里跑下来，李文和战友们都被坚硬的青石板路震出了骨膜炎。中队长说："当兵不能怕硬，你们要练得比地上的花岗岩更硬！"

下士李文从入伍到2005年5月正式调离十中队，4年零4个月里，他在二中队待的时间最长不超过两个月，最短的时候只待了一个晚上，给中队留下的印象是：准备比武和正在比武。

参加了大队以上的各类比武竞赛，一次也没落下，这些也都是李文自己争取来的。

他缠着老兵传授射击经验，因为射击成绩优秀，被选派到大队集训一个月，代表大队参加支队比赛。随后又作为支队代表参加总队比赛。两年后，作为总队代表备战全国边防大比武……

4年零4个月里，李文喜欢上了这个深山中队，喜欢上了那一段800米45度斜坡后的1000米30度斜下坡的花岗岩青石板路。每次比赛回来，他必跑一趟10公里花岗岩青石板路。

比武情怀

2005年5月，广东边防七支队六大队经公安部等上级单位批准正式成立，这是全国边防第一支队机动部队，担负着粤港澳边境地区和驻地深圳特区的防暴、反恐、抢险、警卫、消防、捕歼等急难险重任务。

下士李文从2000多名战士中脱颖而出，作为最年轻的战士代理排长入选该大队。

此时的李文仍然有比武的情怀。

2007年3月12日，第三届全国边防军事大比武的通知传到了训练场，中士李文第一个报名。众人皆愕然，这类比武多是下士们报名，此前还没有中士参赛。

残酷的边防军事大比武，从来都是年轻人的天下。李文深谙其道：继续参赛意味着挑战身体极限，甚至还有危险，更多的是要克服极限的玩命学习与训练。面对队友善意的劝诫，李文以两句歌词对答："有一个道理

李文（前排）与战友们正在进行军事训练

不用讲，战士就该上战场！”

2007年3月21日，李文带着支队的11名战友踏进了地处深山、蚊子多、用水难的深圳观澜训练基地，开始了以挑战极限为目标的体能训练。

从早上5点50分起床，一直训练到晚上11点才回到宿舍。上午30圈400米，下午身背20公斤沙袋跑5公里。吃完晚饭，李文还要给自己加任务——3小时杠铃、哑铃、踢沙袋。有的战士脚脖子肿得连鞋子都穿不进去，有的脚趾头被磨破，有的胳膊腿累得不听使唤……

近乎玩命一样的训练坚持了一个月，“赶超老班长”成了战友们的口号。

4月下旬，李文拿到了代表总队出战全国大比武的入场券。与前两届不一样的是，大比武改为两栖类与陆地类。李文原属陆地悍将，不巧被分到了两栖类，这意味着除了体能，比赛的8个科目，没有一个是李文接触过的，而此时距离比赛不到3个月了。

形势极为不利，老兵李文安慰战友们："是虎就该山中坐，是龙就该下海洋！这一次说明我们既要做虎，又要成龙！"一行12人随即转战广州海警训练基地。他们从学习游泳——蛙泳开始，每天3小时训练，全副武装5公里，从水中一出来就投入攀登训练，被冷水泡得发白的双手被粗壮的绳索磨掉了一层又一层的皮。

抗眩晕训练，20秒钟要在滚轮上左右旋转10次，一不小心就会被惯性摔下来。防暴弹投掷，每天要练上千次，胳膊肿痛，再加上闷热的天气。

400米障碍，李文咬着牙一次又一次地冲刺，裤裆处磨得渗血，连走路都要叉开腿……每一天，李文都是第一个出现在训练场，最后一个离开；每一个新科目，李文都是争着第一个尝试；每一次战友们疲倦懈怠时，李文第一时间站到排头，点燃训练的激情。

第三届全国边防大比武，近300名从10万边防官兵中选出的精英代表公开竞技。首次参战的李文，成为第一个，也是唯一一名摘金夺银的中士。

手语奇兵

第三届全国边防大比武赛前的两个月新增加了特种作战科目——反恐战术手语。更让人惊诧的是，李文夺得了第一名！

战术手语是通过特定的手形、手势、形体动作和面部表情，传递特定信息和指挥行动的简易通信方法。近百个词语、手势组合后将传递出成千

在执行任务中，李文做出系列手语：两组、发现嫌疑人、停止、三组

上万种信息，比赛考验的是手势标准、反应速度、对敌情的分析研判能力等。这类高新科目即使对军事院校毕业的军官来说，都并非易事，更遑论仅有初中文化的老兵李文。

李文的战友并不意外，因为他们目睹了李文的努力。他“躺在床上都在比划手语”、“半夜打手电背要诀、看手势”、“试图用手语表达一天里想说和听到的所有话”。从赛场上回到部队，李文在掌握的战术手语知识的基础上，结合所在部队担负的缉私、缉毒等任务，制定了100多套能显示战斗目标性质、方位、距离、数量和运行轨迹的新手语，成为全国边防系统的“手语”兵王。

现在虽然有了现代化的通信指挥手段，但战术手语仍然是特种兵必备

李文（右一）带领特种小分队发现目标，快速前进

的必杀技。李文认为特种兵在战场上依靠手语信号这种老办法，因其具有传递隐蔽、保密性强、不受干扰、发收同步、接受面广等特点，在多种无声侦查战斗行动中仍有很高的使用价值。

2014年 4月15日，一场“抓捕毒贩”的行动在深圳丛山中悄然进行，8名特战队员在全程抓捕过程中没发出一点声音，全部用手语交流，带队的正是被称为“手语”兵王的广东边防总队机动支队四级警士长李文。在他的带领下，一个眼神、一个手势，战友间就能实现默契配合。

功不唐捐

从2006年至2009年，李文所在的广东边防七支队六大队已为香港警察、学生、市民进行了24批次的大型军事表演，接待来访者总计20万人。

2006年2月26日，以美国海岸警卫队司令、海军上将托马斯·柯林斯为团长的美国海岸警卫代表团一行访问中方海警，边防官兵进行了军事表演。李文领衔的3人攀登，在不到6秒的时间内，冲刺5米，踩、蹬、送、拉，2.8米的高板全部通过，托马斯上将情不自禁地赞誉："Good job, Chinese soldiers！"（好样的，中国士兵！）

此前，李文的这项3人攀登军事科目已得到来访观摩的德国、南斯拉夫、朝鲜等国边防部队的高度评价。

2007年7月1日，深圳银湖基地，机枪手李文的枪声拉开了庆祝香港回归10周年的深港青少年万人大联欢的帷幕。汇报表演结束后，一名曾多次夺得香港某射击俱乐部比赛冠军的香港同胞找到李文，竖起大拇指，敬佩不已地说："风速这么大，枪声连贯平均不超过1秒，12枪！每一枪我都为你捏了把汗，真不可思议！深港边防线有你这样的人守着，我放一百个心！"

担任这样的任务，李文不下20次，失误：零！

带兵好手

第三届全国边防大比武，李文个人成绩突出，团队成绩也不赖。他带的8名士兵，有6人次夺取单项第一，13人次夺取单项第二。年仅19岁的广东籍上等兵伦惠昌拿下2007年全国边防部队大比武个人全能第一名。广州支队上等兵林龙与李文搭档，拿下2007年全国边防大比武战术手语第一名；也正是这名上等兵，第二年拿下了战术攀登第一名，李文屈居第二。

此前，战术攀登这一项，参加总队比武，李文十战十捷，从没有对手。

伦惠昌和林龙都是李文带出来的兵。2007年4月，林龙进入李文负责的两栖特勤分队，备战全国比武，李文和林龙各带一个3人攀登小组。攀登讲究3人配合，李文不但倾囊相授，尽心示范，还多次为主攻手林龙做陪练，充当“支柱”，让林龙一遍遍地踩着自己的肩膀练习蹬力；肩膀磨破了皮，就垫上一层海绵，接着练；最后，海绵和血肉模糊在了一起。

李文带兵，讲究“战略”。伦惠昌回忆，他半夜站哨，因训练劳累，经常赖床拖哨，班长屡教不改，代理排长李文主动出马。

半夜战友叫哨，伦惠昌仍然赖床，却发现这一次战友不像平时那样频繁过来催他起床。1分钟、5分钟、10分钟……20分钟过去，伦惠昌心中忐忑，赶到哨位一看，代理排长李文站在哨楼上一动不动。李文不训不骂不催，反而说：“看你训练挺累的，你继续睡吧，都是战友，我帮你站吧！”几句话让伦惠昌心中一暖，继而心生愧疚。

攻心为上，从此伦惠昌以李文为榜样，一改拖拉的习惯，训练、学习更加专心、卖力。仅一年半的时间，伦惠昌就摘取了总队射击、攀登等4项军事比武第一，成功晋级总队比武队，摘取全国边防大比武潜水第一，战术手语等4项第二和个人全能总分第一，成为边防大比武历史上最年轻、成绩最突出的冠军。

新兵们说：“当李文的兵最苦、最累，可是当李文的兵离梦想也最近。只要当李文的兵，就等于一只脚迈进了‘提干梦’、‘冠军梦’、‘精兵梦’。”

李文是带兵好手。新兵左俊下连后分到比武队才一个星期，就觉得5公里跑比以前轻松多了，成绩还提高了1分多钟。经过李文的训练，左俊明白了自己以前的跑法叫“蛮跑”。在李文看来，5公里跑分为8个阶段，

李文（左一）和他所带领的功勋士兵

每个阶段分为不同的层次，每个层次的耐力、毅力、姿势、呼吸、节奏、速度、小步快频等都要很讲究。

李文对带兵深有研究。走进李文的房间，从1996年该总队内部出版的小黄本《老战士必读》，到崭新的2013年版《军训训练教程》，厚厚的几大摞，这可能就是初中生晋升训练专家的秘诀。

除了从诸多教材、书本上学习科学的训练方式与方法，李文从不放弃任何一个从对手身上学习的机会。每次比武，李文都会带上录像机进行拍摄，吸取百家之所长，有时一个视频重放上百次，捉摸某个姿势、力量、角度；有时数十个视频比对几个小时，分析相互间的优劣。

李文带兵的技巧还体现在他对士兵的细心观察与熟悉。“小马过矮墙前常常小碎步，小姜冲刺时喜欢后仰，小蒙上场前习惯紧张……”他对每个士兵在每个环节的实际能力，特别是身体的小习惯、小偏差、小意外及偏差值均了然于心。

多年来，李文将实战中的经验和边防业务技能、特种部队训练方法与体育训练学、人体结构学等专业知识结合起来，探索出一套套优化训练的方法。他还先后参与支队、总队训练教材编撰，共有31本；总结带兵管队、训练教育的意见、建议多达300多条。

当兵14年，李文荣立个人一等功1次，个人二等功1次，个人三等功5次。说起他带的兵，他更加得意。

贵州籍战士鲁仕勇被评为公安部队现役优秀士官，荣立二等功1次，三等功3次；中尉黄鹤锋，3年3次荣立三等功，被保送到军校学习，从李文昔日的新兵到李文时下的中队长；上等兵苗敏敏，当兵两年，两次荣立三等功……

至2014年，李文所带的士兵中，有7人因表现特别突出被保送上军校，21人考上军校，3人荣立二等功、69人次荣立三等功，51人勇夺省级军事比武冠军，410人先后被评为“优秀带兵班长”。

生死时速

2007年3月，七支队奉命组建侦查队，特区缉毒战线又增添了一支新生力量，李文成为这群同魔鬼打交道的人中最年轻的一位，也是唯一的一名战士。

深圳因地理位置及交通网络上的便利，常常成为贩运毒品进入国际市场的中转站。缉毒侦查是一项秘密、隐蔽的特殊工作，李文经常参与的潜伏、跟踪及抓捕是所有工作中难度和危险系数最高的。

一次，夜袭制毒工厂。凌晨4点，行动指令下达，李文带着特战小组快速破门后，正在床上的男性嫌疑人拉开台灯，瞬间的惊慌后，右手从枕头底下掏枪，左手快速辅助子弹上膛……李文猛然扑上去，双手死死按住枪，保持枪口朝墙。3名战士反应过来，迅速扑上去夺枪、抓捕、上拷。

“吵什么？”里间传来一个声音，门已半开，一个男子睡眼惺忪地出现，发现不对，立即关门。

李文将夺下的枪一甩，从床上顺势翻滚到床沿，没等站稳，右肩顺势向房门冲撞。门被猛力撞开，嫌疑人被猛力撞得失去了平衡，倒向后面的电视柜，一时间，柜子上的多个玻璃器皿砸了下来。李文立即扑上去，死死地按住嫌疑人。这时，柜子上的电视机重重地砸在李文的背部。战友上前协助上铐后，李文才发觉双手和左边脸颊火辣辣的疼，原来在混乱中被玻璃碎片割伤，右手掌还有玻璃碎片扎到肉里。

随后，在里间床头搜出手枪1支，子弹5发。此次行动缉缴冰毒31.75公斤，液态冰毒269.5公斤，制毒液体2400公斤。

据不完全统计，这样的险情，李文先后经历了24次。

李文执行过各种任务，遇到过各种穷凶极恶的人物：开车逃逸的，子弹上膛的，还有迎面砍来的大刀，甚至身染病毒的更要特别注意……李文说：“哪怕是用嘴咬、用手抓都有致命的危险，因为这都有可能传染艾滋病。”

“扑上去，跟子弹比速度；面对魔鬼，除了像子弹一样拼尽全力向目标扑去，我别无选择。”

“出外线”的风险不亚于执行抓捕行动。为了掌握、找到线索，李文有时需要适应各种不同环境下，长时间潜伏、跟踪不法分子，有一次“在货柜车里整整闷了两天”。

为了端掉一个制毒窝点，李文和侦查队员曾在一个工业区附近租了几间民房，蹲守了两个多星期。每天穿着一身破旧的衣服到窝点周围，以捡垃圾作为掩护，观察情况，每天都不能正常吃饭。经过一个多月的努力，这个制毒窝点终于被捣毁，缴获冰毒40公斤。任务完成后，李文才痛痛快快地洗了澡，美美地睡了一觉。

据不完全统计，李文先后70多次完成缉私、缉毒重大行动，24次化险为夷，亲手抓捕嫌疑人81人，缴获各类毒品累计100公斤以上，11次不同程度负伤。

公安边防部队既有军事性，又有公安性，是一支养兵千日、用兵实时的部队。

夜间奔袭、多功能破门、快速上铐……越来越多的新科目需要结合到更多的实际中，需要快速地深入钻研和提升效率，多提高哪怕0.1秒，安全系数就高一点，这很有可能就是一个或多个战友的生命时限。每次执行任务，李文的小组总是出现在危险系数最高的地方；每次完成任务归来，李文都感觉训练效率的提高迫在眉睫。

2014年以来，广东边防总队机动支队先后执行省厅春雷打私、围剿广东第一毒村博社村等多项重大高危任务，作为军事教员的李文肩负着更加艰巨的执行和组训任务。

后记

本书的成书得益于万宁市委、市政府领导的高度重视和指导及万宁市委宣传部的精心策划，万宁市电视台派出多名记者全程参与了“出彩万宁人”报道工作的采访和撰稿，《万宁时讯》进行了多期选登。

参加本书撰写工作的有陈才雄、翁世武、翁小雄、周皓颖、王海峰、陈明思、王世岣、符贻钦、李志诣、关富贵、卓行毅、陈小娜、陈俊婧、温一敏、钟理、蔡亲显、陈程艺、陈长宇、梁振玮、吴娜、黄宁馨等。图片提供者有《海南日报》王凯、万宁市摄影家协会李敏和陈少强等人，以及本书中的出彩万宁人本人。

本书在编写过程中，部分文稿参考了《海南日报》、《南国都市报》、《海口日报》、《南岛晚报》、光明网、海南文明网、南海网、海南电视台、《海岸生活》杂志、《东山人》刊物、网易汽车、汽车公社、搜狐汽车、九度视频、原《万宁政务报》等的相应文稿。

在此一并致谢！

编者

2016年8月18日